Max Büdinger

Akten zu Columbus Geschichte von 1473 bis 1492

Eine kritische Studie

Max Büdinger

Akten zu Columbus Geschichte von 1473 bis 1492
Eine kritische Studie

ISBN/EAN: 9783743670921

Hergestellt in Europa, USA, Kanada, Australien, Japan

Cover: Foto ©ninafisch / pixelio.de

Weitere Bücher finden Sie auf **www.hansebooks.com**

ACTEN

ZU

COLUMBUS' GESCHICHTE

VON 1473 BIS 1492

EINE KRITISCHE STUDIE

VON

MAX BÜDINGER

WIRKL. MITGLIEDE DER KAIS. AKADEMIE DER WISSENSCHAFTEN.

WIEN, 1886.

IN COMMISSION BEI CARL GEROLD'S SOHN

BUCHHÄNDLER DER KAIS. AKADEMIE DER WISSENSCHAFTEN.

Aus dem Jahrgange 1886 der Sitzungsberichte der phil.-hist. Classe der kais. Akademie
der Wissenschaften (CXII. Bd., II. Hft., S. 635) besonders abgedruckt.

Druck von Adolf Holzhausen in Wien,
k. k. Hof- und Universitäts-Buchdrucker.

Die in den letzten anderthalb Jahrzehnten angestellten Forschungen über Columbus' Leben zeigen bis zu dem entscheidenden Vertrage desselben mit dem spanischen Königspaare noch in erheblichen Punkten Differenzen, welche zu einem lebhaften, ja in einer Hauptfrage erbitterten Meinungsaustausche geführt haben. In den nachfolgenden Untersuchungen wage ich es, zwischen den Streitenden theils mit einigem Materiale hervorzutreten, das bisher nicht herbeigezogen oder nicht entsprechend verwerthet wurde, theils eine Ausgleichung der vorhandenen so weit auseinandergehenden Auffassungen von anderen Gesichtspunkten aus zu versuchen, als den bisher zur Geltung gekommenen.

1. Historie.

Die unter dieser Bezeichnung im Jahre 1571 erschienene italienische Biographie [1] ist nach dem Titelblatte und den Vorreden von Columbus' natürlichem Sohne Ferdinand in spanischer

[1] Historie del S. D. Fernando Colombo, nelle quale so ha particolare et vera relatione della vita et de' fatti dell'Ammiraglio D. Chr. Colombo nuovamento di lingua Spagnuolo tradotte nel Italiano dal S. Alfonso Ulloa. In Venetia 1571. Appresso Francesco de' Franceschi Sanese. 8°, 3 und 247 Blätter Text. Noch zehn Abdrücke bis 1867 verzeichnet Harrisse, bull. géogr. (= bulletin de la société de géographie, Paris, sixième série) 1871, VIII 400.

1*

Sprache verfasst und, mit Ausnahmen von geringer Wirkung,[1]
bis zum Jahre 1871 als die einzig zuverlässige Grundlage aller
Forschung über den grossen Entdecker — als ,Grund- und Eck-
stein' nach Washington Irving's Ausdruck — angesehen worden.
Seit dem Jahre 1871 aber hat ein so ausgezeichneter Bücher-
kenner und Gelehrter wie Herr Henry Harrisse aus New-York
mit dem rücksichtslosen Eifer des praktischen Juristen in einer
Reihe von Schriften und in Abhandlungen polemischer Art mit
allmälliger Milderung der Conclusionen und Verdammungsworte
das Buch für eine Fälschung oder doch eine mit Erfindungen
durchsetzte Zusammenstellung erklärt. Mit Unrecht trage sie
den Namen Don Fernando Colon's, müsse aber allerdings vor
dem Jahre 1559 vorhanden gewesen sein, in welchem Jahre sie
von Las Casas bei Abschluss des ersten Theiles seiner Geschichte
von Indien benutzt wurde. Die neueste Formel von Harrisse's
Zweifeln in dem 1884 erschienenen ersten Bande seiner Lebensbeschreibung des Entdeckers, welche Formel auch in dem zweiten,
1885 erschienenen Schlussbande[2] festgehalten wird, lautet: die
Historie seien eine Schrift, ,deren man sich nur mit äusserster
Zurückhaltung bedienen darf und niemals, ohne ihre Behauptungen, Erzählungen, Citate, sogar die Namen und Daten zu
controliren'. Immerhin wiederholt Harrisse einen schon 1872 von
ihm geäusserten Satz mit Nachdruck: ,trotzdem kommt man un-
bestreitbar zu einem Ueberbleibsel von gewissem Werthe, das
auf authentische, heute zum Theil verlorene Urkunden zurück-
geht'. Seine verwerfende Ansicht in ihrer älteren schroffen
Form, in bestrickender Dialektik vorgetragen, hat auch bei dem
neuesten deutschen Bearbeiter[3] von Columbus' Geschichten Bei-
fall gefunden, so dass auch dieser die ,Authenticität' des Buches
bestreitet.

[1] Eustaquio Fernandez de Navarrete, noticias de Don Bartol. Colón (Coleccion de documentos ineditos para la historia de España, t. XVI.
Madrid, 1850), 348 nennt zwei ältere mehr andeutende Zweifler; p. 344
schildert er die Bemühungen um das spanische Original, hofft aber
nur schwach, dass ,una feliz casualidad' es aus der Vergessenheit aus-
graben werde.
[2] Chr. Colomb (recueil de voyages et de documents pour servir à l'histoire
de la géographie, edd. Schefer et Cordier. Paris t. VI) I, 115 sqq., II. 383.
[3] Sophus Ruge, Geschichte des Zeitalters der Entdeckungen (1881, W.
Oncken, Allgemeine Geschichte in Einzeldarstellungen II. Bd. 9) 322.

Wenn Harrisse erst in seiner neuesten Arbeit von Las
Casas' Hauptwerke Kenntniss nahm und seine früheren An-
sichten demgemäss modificirte, so ist ihm dies zunächst von
spanischen Gelehrten zum Vorwurfe gemacht worden. Der
Marqués la Fuensanta del Valle und Herr José Sancho Rayon
bemerken im Vorworte (p. III) zu der seit drei Jahrhunderten
entbehrten, in den Jahren 1875 und 1876 von ihnen besorgten
Ausgabe,[1] dass der amerikanische Gelehrte, der 1871 in seinem
,kritischen Versuch über Don Fernando Colón' über Unzugäng-
lichkeit der Handschrift klagte, am 13. August 1869 auf ein
Vorstehblatt des eben für ihn besonders in Betracht kommenden
ersten Theiles des Originales eintrug, er habe dasselbe verglichen.
Schärfer betonte die Thatsache Herr Antonio Maria Fabié im
Jahre 1879 in seinem umfassenden Werke über Las Casas'
Leben und Schriften;[2] indem er eine Anzahl Stellen aus den
Historie und der ,Geschichte von Indien' neben einander ab-
druckte und besprach, konnte er unwiderleglich einen gemein-
samen Ursprung Beider behaupten. In viel umfassenderer und
bis zur Vollständigkeit beabsichtigter Weise hat über die Frage
im Jahre 1884 Herr Prospero Peragallo[3] dasselbe dargethan,
wie Fabié, dessen Arbeit er seinerseits nicht kennt. Peragallo
ist von der Echtheit der Historie, von Don Fernando's Autor-
schaft — die ja Las Casas ausdrücklich nennt[4] — und von der
nahezu gänzlichen Glaubwürdigkeit des Buches gleich Fabié
überzeugt und über Herrn Harrisse tief entrüstet, wenn er ihm
auch zu Anfang und Ende collegialisch die Hand bietet.
Peragallo's Werk scheint — der Druck war am 15. Juli
1884 beendet — gleichzeitig mit Harrisse's erstem Bande der
Columbusbiographie ausgegeben worden zu sein. Herr Harrisse
nimmt aber auch im zweiten Bande keine Notiz von demselben,

[1] Historia de las Indias por Fr. Bartholomé de las Casas publicada ahora
por vez primera, conforme á los originales del autor. Coleccion de doc.
ined. p. la hist. de España, t. LXII—LXVI. Madrid, 1875 und 1876.
Las Casas' brevissima relacion de la destruycion de las Indias, schon
1552 erschienen, jetzt in derselben Sammlung t. LXXI (1879) wieder
abgedruckt.
[2] In derselben Coleccion t. LXX, p. 363 ff.
[3] L'autenticità delle historie di Fernando Colombo e le critiche de Signor
Enrico Harrisse. Genova. Tipografia del R. Istituto di Sordi-Muti. 304 S. 8.
[4] — en su Historia dice Don Hernando Colóu, t. LXIII, p. 98.

und die spanischen Angriffe scheint er nur ohne Nennung widerlegen zu wollen; er bemerkt eben nur,[1] dass er bei seiner damaligen in Eile vorgenommenen Einsichtnahme der Handschrift blos nach bestimmten Seiten von Las Casas' humanen Bestrebungen gesucht habe.

Zu um so grösserer Ehre gereicht es D'Avezac's Andenken, dass er im Jahre 1873, also noch vor der Publication von Las Casas' Werk, freimüthig sein mangelhaftes Material bekennend, den Schleier zu lüften begonnen hat, welcher über der Publication als solcher liegt[2], und, wie wir noch sehen werden, nach den ganz eigenartigen Umständen ihrer Entstehung liegen musste. Wenn bei dem Beginne dieser Polemik Harrisse[3] mit gutem Grunde versichert hatte, keine andere vorgefasste Meinung zu haben, als die nach Erkenntniss der Wahrheit, so macht freilich D'Avezac mit scharfen Worten die advocatenmässige Weise der Angriffe des Gegners geltend,[1] der hierauf in seiner sonst wenig erheblichen Schlusserwiederung um so mehr alle Formen der Rücksicht in einem gelehrten Streite auf das Schönste gewahrt hat.[5]

Aber andererseits muss man die Ehrerbietung anerkennen, mit welcher D'Avezac sich[6] dessen erinnert, welcher für dieses Gebiet historischer Kritik und speciell für die richtige Beurtheilung der Historie den entscheidenden Anstoss gab: des von König Karl III. im Jahre 1779 mit Abfassung einer quellenmässigen Geschichte der amerikanischen Besitzungen seines

---

[1] Colomb I, 109. Es ist eben nur eine Verirrung zu seiner früheren Meinung, wenn er anachronistisch sagt: Las Casas donne aussi cet extrait évidemment d'après les Historie (I, 117), während doch jetzt seine Ansicht ist (I, 128, 132), es seien alle übereinstimmenden Stellen litéralement empruntées au mystérieux prototype des Historie, er auch wohl (I, 121) vernehmen lässt: l'auteur des Historie, quel qu'il soit.

[2] Bull. géogr. V, 68—72, VI, 380—403, 478—506; über sein Material p. 399.

[3] Ibid. VI, 385.

[4] Er wirft ihm vor: difficultés accessoires sans consistence (396), inanité des griefs . . . généralement frappante (178), nennt ihn als Kritiker inexorable (493), gar einen malin investigateur (504). Man mag hienach schliessen, wie die Erregung bei spanischen und italienischen Widersachern sich änssert.

[5] Bull. géogr. 1874, VIII, 100—123, 493—526.

[6] Bull. géogr. V, 72: les plus éminents historiens de Chr. Colomb, en tête desquels il faut respectueusement conserver à Muñoz le premier rang.

Reiches betrauten, schon 1799 der Wissenschaft entrissenen, so
hochsinnigen wie überaus sorgfältigen Forschers Johann Baptist
Muñoz. Der erste und einzig erschienene Band von Muñoz'
Geschichte[1] der neuen Welt — zugleich die erste Frucht jener
umfangreichen, von Navarrete wie den heutigen spanischen For-
schern so gern und dankbar benutzten Stoffsammlungen[2] —
enthält nämlich gleichsam die Grundlage von D'Avezac's Ausführungen in folgenden Sätzen über die Historie: ‚Das Buch
enthält alles Wesentliche der Papiere des Entdeckers und wörtlich verschiedene Bruchstücke, die mit Sorgfalt und feinem Ge-
fühle ausgewählt sind.'[3] Der Verfasser Ferdinand Colón, dessen
bedeutende litterarische Eigenschaften er rühmt, sei in einige,
wenn auch ‚recht seltene' Irrthümer gefallen, deren einen er
nennt; die Fehler der italienischen Uebersetzung schreibt er
— wie wir sehen werden: irrig — ‚einer ungetreuen Abschrift'
zu; immerhin warnt er vor ihren Angaben Jeden, ‚der nicht
viel Scharfsinn und Kritik besitzt'.[4]

So geht nun D'Avezac in Ausmalung dieser Skizze als
redlicher Vertheidiger der Historie gegen Harrisse's Anschul-
digungen mit ungemeiner Lebhaftigkeit zu Werke.[5] Er zeigt
Druckfehler, Satzkürzungen, Auslassungen der italienischen
Uebersetzung, zeigt die correcte Viertheilung des Werkes[6] und

---

[1] Historia del nuevo Mundo. t. I. Madrid, 1793. Hier kommt zunächst
p. VIII in Betracht.

[2] Harrisse, Christ. Colomb. I, 66 gibt einen Auszug, der von dem Reich-
thume der von Muñoz hinterlassenen Sammlungen aus Archiven und
Bibliotheken zeugt.

[3] — conserva todo lo sustancial de los papeles del descubridor y á la
letra varios fragmentos escogidos con pulso y delicadeza.

[4] — se encuentran cantidad de fechas equivocadas y otros absurdos ca-
paces de inducir á error á quien no tenga mucha sagacidad y critica.

[5] Doch wird er hierin weit von dem Genuesen Peragallo übertroffen, der
sich sonst (p. 60) auf seine pratica di parocco beruft, aber doch bei
einer Genua betreffenden Angabe, die Harrisse bestreitet, ausruft (p. 83):
‚Diavolo! Le Historie non erano mica stampate alla Mecca!' Bei einem
von ihm widerlegten Argumente des Gegners schreibt er (p. 260): Lo-
dato Dio!

[6] VI, 388; er macht auch p. 479 auf die irrige Zählung der Toscanolli-
briefe als Cap. 8 aufmerksam, so dass wirklich erst mit Cap. 12 die
richtige Zählung wieder beginnt; es ist nicht abzusehen, wesshalb
Harrisse hievon keine Notiz nimmt.

betont die Glaubwürdigkeit der sonst nicht erhaltenen urkund-
lichen Einlagen. Unter diesen hat er mit Recht den Differenzen
besondere Aufmerksamkeit gewidmet, welche zwischen der Fassung der für die Entdeckung Amerika's so überaus wichtig gewordenen Toscanellibriefe in den Historie — und fast wörtlich
ebenso in Las Casas' Text [1] zu Beider Ehren — und in der
Abschrift bestehen, die von Columbus' Bruder Bartholomäus [2]
auf ein Vorstehblatt eines Exemplares von Papst Pius' II. Historia
rerum ubique gestarum (ed. Venet. 1477) eingetragen ist.[3] Hier
bemerkt D'Avezac überzeugend, wie die Verschiedenheit sich
daraus erklärt, dass ein Satz aus der damals beiliegenden Karte
Toscanelli's von Bartholomäus und dem Verfasser der Historie
an verschiedenen Stellen eingetragen wurde.

Besondern Fleiss hat D'Avezac darauf verwendet, wie
schon oben (S. 638) bemerkt wurde, die Geschichte der uns
vorliegenden venetianischen Publication zu ergründen. Vor Allem
will er eben Harrisse's Zweifel zerstreuen, die eine Zeit lang
bis zu Annahme einer Fälschung durch den Uebersetzer Ulloa
selbst gingen — durch einen Mann, nebenbei bemerkt, der schon
zehn Jahre vor dem Erscheinen der Historie am Schlusse einer
andern, im Ganzen treuen, wenn auch verkürzenden Uebersetzung seinen Entschluss ausgesprochen hatte, fortan, ‚wenn
ihm Gott nichts Anderes eingebe‘, in Ruhe seinen Studien leben
zu wollen. [1]

---

[1] Mit besonderer Freude druckt Peragallo sie p. 99—104 ab: Non c' è
apologia più splendida di quella che emergerà dal confronto dei due
testi allegati, por rivendicare d' autenticità delle Historie.

[2] Harrisse, Colomb II, 190.

[3] Nach D'Avezac 499 von dem Bibliothekar der Colombina Don José
Fernandez y Valasquez gefunden, der freilich bescheiden Herrn Harrisse
(bull. géogr. 1874 VIII, 526) bezeugte, erst durch ihn den Werth dieser
lateinischen Fassung kennen gelernt zu haben, die derselbe (Bibliotheca
Americana, Additions. 1872, p. 16 sqq.) zuerst abgedruckt hat.

[4] Della qual fatica et ancora delle molte altre che in questa materia
(des Uebersetzens) fin' ora ho fatto io resto cosi stanco et travagliato
et con si poca sanità della mia vita, che se Dio altro non mi inspira,
son disposto di riposarmi ot di non scrivere del modo che fin' ora ho
scritto ma di darmi a leggere et vedere quel che gli altri hanno scritto,
che quello mi sara più sicuro et questo più profitevole. Barros, Asia
-- erste und zweite Dekade, die dritte erschien erst 1563 — tradotta
dal S. Alfonso Ulloa, in Venetia 1561. 2 Bände. Ulloa hat einen Lob-

Nur durch besondere Vortheile kann doch Ulloa bewogen
worden sein, mit der Nennung seines Namens auf dem Titelblatte
sich zu begnügen, während bei Erzählung des Ursprunges dieses
Buches in der Vorrede seines Namens überhaupt nicht gedacht
wird. Hier erscheint vielmehr als eigentlicher Herausgeber[1]
Josef Moleto, aus Messina gebürtig,[2] an der dortigen, dann an
der Paduaner Universität mit einer Unterbrechung bis zu seinem
Tode im Jahre 1588 als Professor der Astronomie angestellt,
seit 1561 als Ptolemäusinterpret bekannt, von 1564 bis 1584
durch Ephemeridenpublication verdient. Moleto bezeichnet sich
als zunächst beauftragt von einem genuesischen Edelmanne,
Namens Marino, richtet aber sein Vorwort an dessen Freund,
einen siebzigjährigen andern vornehmen Genuesen, der, ein
alter Senator und Rath der Republik,[3] nach Moleto aber auch
damals in Staatsgeschäften noch verwendet war: Baliano di
Fornari; denn dieser sei nach Venedig gekommen, um das
spanische Manuscript Don Ernando Colombo's, dessen Echtheit Moleto doch besonders betont,[4] drucken und zwar sowohl
in spanischer als italienischer und lateinischer Sprache publiciren zu lassen. Seine Geschäfte — nach Harrisse auch ein

reduer an Eustaquio de Navarreto l. l. 344 gefunden, weil er der gebildeten (italienischen) Nation muchos de nuestros buenos libros zugänglich gemacht habe; aber ein laborioso escritor italiano war Ulloa
nicht; am Schlusse der Barrosübersetzung hebt er selbst hervor: ho
finito di ridurre in questa vostra lingua l'Asia che nella Portoghese
favella vicina al mio Castigliano parlare era scritto.

[1] Sig. Gio. Battista di Marino . . . molto mio Signore ha voluto che'n
buona parte la cura di tal negotio fosse mia, ne io ho voluto a ciò
mancare, sagt das Vorwort gegen den Schluss. Ueber die Persönlich-
keit Marino's, nach Harrisse 1873, bull. géogr. V, 387 abschliessend:
D'Avezac ib. VI, 386. Peragallo hat nichts Weiteres beibringen können
Diesen Genuesen ist zuerst nachgegangen: Spotorno codice Colombo-
Americano (1823), p. LXI sqq.

[2] D'Avezac, bull. géogr. 1873, V, 69, sonst: Tiraboschi (1781) VII* 383,
VII^b 154 als Giuseppe Moletti. D'Avezac citirt mit Harrisse ein gerade
ebenfalls im Jahre 1571 in Venedig erschienenes geographisches Werk
Moleto's.

[3] Harrisse bull. géogr. 1873, V, 385.

[4] Ne è ancora da dubitare, che non sia scritta di man del sudetto illustr.
D. Ernando e che questo che V. S. ha havuto non sia il proprio
originale, essendo che a V. S. fu dato per tale dall' Illustr. D. Luigi
Colombo, amico molto a V. S.

genuesisches Gesetz von 1528, welches einem Manne seiner
Stellung keine längere als eine vierwöchentliche Abwesenheit
gestattete — haben nach den Worten der Vorrede Fornari länger
in Venedig zu bleiben verhindert. Den Auftrag der Publication
habe Fornari theils aus Eifer für den Ruhm des grossen Entdeckers, theils, und dies wird vorangesetzt, aus Freundschaft
für dessen Enkel Ludwig übernommen und nun einem anderen
genuesischen Edelmanne, Johann Baptist di Marino, Moleto's
Gönner, die Vollziehung überlassen.

Harrisse und D'Avezac haben sich sehr ereifert, um bestreiten oder nachweisen zu können, dass Don Luis das Manuscript eigenhändig dem genuesischen Patricier in einem der
nächst vorangegangenen Jahre gegeben habe; D'Avezac meint,
Fornari könne zu dem nach Oran Verbannten gereist sein, vielleicht sei auch etwas an des Barnabiten Spotorno[1] Behauptung,
Don Luis sei um das Jahr 1568 zu diesem Zwecke nach Genua
gekommen, oder gar habe er es ihm nur gesendet; die beiden
ersten Möglichkeiten weist dann Harrisse mit Recht zurück und
lehrt, dass im letzteren Falle statt ,dato' gesagt sein müsse
,inviato'. Peragallo[2] aber macht der hierin unnützen Discussion
ein Ende, indem er in seiner lebhaften und bescheiden liebens-
würdigen Art auf sein italienisches Sprachgefühl hin versichert,
dass ,dato' hier eben nur bedeuten solle, das Manuscript sei
Fornari als echt zugekommen.

Aber die für den unmittelbaren Zweck der Gegner un-
fruchtbar gebliebene Discussion hat doch eine andere, für das
Verständniss des Erscheinens der Historie erhebliche Wirkung
gehabt. Es ist der Charakter der Verfolgung zu voller Klarheit
gelangt, der Don Luis Colón in seinen späteren Lebensjahren
unterzogen wurde und am 3. Februar 1572 in Oran erlag. Es
geschah, indem beide Forscher in der (1606) in Madrid in Folio
gedruckten, wie es scheint[3] aber nur in zwei Exemplaren erhaltenen ,Denkschrift des Processes' (memorial del pleyto) der

[1] Codice diplomatico Colombo — Americano p. LXIII.
[2] Cioè (in Bezug auf die S. 638, Anm. 4 gesperrt gedruckten Worte) costui
assicurò che esso non era altrimenti copia ma originale. È la frase, che
noi Italiani usiamo a tutto pasto in simili circostanze o credo di essere
su questo punto un po' più competente del sig. Harrisse, p. 25.
[3] Harrisse, Christophe Colomb I. 51.

späten Erben des Entdeckers auf Herstellung in ihre Rechte
auch dem wegen Polygamie gegen denselben Titularadmiral Don
Luis Colón angestrengten Processe nachgingen, den die Vorrede der Historie als Fornari's Freund so ungemein rühmt.[1]
D'Avezac hatte sich,[2] wie man sagen muss: vergeblich, bemüht,
aus den Acten zu lesen, dass die Präventivhaft seit Anfang 1558
eine fast luxuriöse gewesen und ebenso die im November 1568
rechtskräftig gewordene Exilstrafe in einer dem hohen Range
des Verurtheilten entsprechenden, nahezu fürstlichen Weise voll-
zogen worden sei, und hiebei hatten sich wirklich einige Ver-
sehen bei Harrisse's früherer Darstellung ergeben. Dann aber
hat dieser in seiner Schlusserwiederung[3] mit einem musterhaften
Actenauszuge die ganze Härte der Behandlung dargethan, welche
Don Luis erfuhr. In seinem Werke über den Grossvater des
Verfolgten, den Entdecker selbst, hat ferner Harrisse,[4] obwohl
er Don Luis als ,libertin enduroi' schildert, doch das politische
Motiv der Regierung Philipp II. hervorgekehrt. Man wollte die
Familie des Entdeckers ihrer Macht berauben und auf einem
Umwege die allerdings nach einem halben Jahrhundert unge-
heuerlich erscheinenden Zusagen brechen, welche Columbus für
sich und seine Erben in dem Hauptvertrage mit der spanischen
Krone vom 17. April 1492[5] gegeben worden waren.

Als Don Luis noch unmündig, etwa vierzehn Jahre alt
war, beraubte ihn schon am 28. Januar 1536 eine Entscheidung
des Rathes von Indien, welche Kaiser Karl V. am 8. September 1536 bestätigte, des Wesentlichsten dieser Rechtsansprüche:
er behielt nur die Insel Jamaica mit einem Herzogstitel und
Lehen von Veragua. Dann fügte er sich am 4. Juli 1554 einer
weiteren Entscheidung des indischen Rathes, welche ihn selbst
dieses Lehens und der ererbten Functionen eines Admirals von

---

[1] Del valore di questo D. Luigi non se ne può dir tanto, che più non sia.
[2] Bull. géogr. 1873, VI, 381 f.
[3] Bull. géogr. 1871, VIII, 405 f. wie er stolz sagt: étant avocat de pro-
fession.
[4] Chr. Colomb II, 258.
[5] Navarrete, coleccion de los viages y descubrimientos (1825) II, 7 sqq.,
und aus derselben Quelle, dem archivo de los Duques de Veragua, regi-
strado en el sello de Simancas: coleccion de documentos ineditos de
America y Oceana XVII (Madrid, 1872) 572 sqq.

Indien beraubte; den blossen Titel gewährte ihm mit einer auf
17.000 Ducaten gesteigerten Goldrente ein königlicher Gnaden-
act vom September 1556.[1] Inzwischen hatte er am 12. Juli 1539
bei dem Ableben seines Oheims Ferdinand, den die Historie
und Las Casas als Geschichtschreiber des Entdeckers bezeich-
nen, testamentarisch dessen grossen Besitz und mit demselben
auch die unschätzbare Bibliothek ererbt, welche damals Ferdi-
nandina hiess. Dieselbe wurde 1544 auf Weisung von Don Luis'
Mutter und Vormünderin, der Vicekönigin Doña Maria de Toledo
aus ihres Schwagers Wohnung in das Dominikanerkloster St. Paul
zu Sevilla überbracht. Von Don Luis vernachlässigt, wurde diese
Sammlung nach dem Ableben der Vicekönigin (Mai 1549) durch
Rechtsspruch dem Domcapitel von Sevilla 1552 zugesprochen, in
dessen Räumen sie den Namen der Colombina erhielt.

Nun ersieht man aus den früher erwähnten Auszügen,
welche D'Avezac und Harrisse aus dem Memorial del Pleyto
von 1606 geben, dass Don Luis bei allen Extravaganzen seines
Lebens seine Rechtsvortheile keineswegs vernachlässigte; noch
als Gefangener hat er die zweite seiner lebenden Frauen
wegen Ehebruchs belangen lassen und den Erlös der Haupt-
besitzung ihres Mitschuldigen im August 1562 zugesprochen
erhalten.[2] Es war doch ein empfindlicher Schlag gegen die
spanische Regierung, die ihn seines grossen Erbes beraubt und
nach siebenjähriger Untersuchungshaft in ein afrikanisches Exil
verwiesen hatte, wenn es ihm gelang, die öffentliche Meinung
bei allen gebildeten Völkern von Europa durch eine authentische
Darstellung der Thaten und Verdienste seines Grossvaters, aber
auch der Rechtsansprüche zu gewinnen, welche derselbe für alle
seine Nachkommen nach hartem Kampfe von Königin Isabella,
von der Urgrossmutter des regierenden Königs Philipp II., ertrotzt
und bis an seinen Tod dem Rechte nach behauptet hatte.

Ein Werk solchen Inhalts hat Don Luis nach dem Vorworte der Historie seinem greisen genuesischen Freunde Fornari
zukommen lassen — wir wissen nicht, weder auf welche Weise
die Freundschaft entstand, noch, wie gesagt,[3] wie das Werk

---

[1] Harrisse a. a. O.
[2] Harrisse, Christ. Colomb II, 259.
[3] Vgl. oben S. 642, Anm. 2.

übergeben ward. Der Auftrag, wie ihn Fornari fasste, ‚der die lange Reise von Genua nach Venedig nicht scheute',[1] ging auf jene oben erwähnte Publication in spanischer, italienischer und lateinischer Sprache, ‚damit völlig die Wahrheit der Thaten eines so tapferen Mannes, wahrlich einer Ehre Italiens und besonders Genua's' klar und offenbar werde.[2] Zu der spanischen und lateinischen Edition ist es nicht gekommen.

Wenn aber Fornari's oder zunächst Don Luis Colón's Verlangen so gross war, das Werk gedruckt zu sehen, dann ist für den Unkundigen nicht abzusehen, weshalb der Druck nicht in Genua oder in Spanien selbst vorgenommen wurde und weshalb die Publication in lateinischer und spanischer Sprache unterblieb. Dies erfordert denn doch eine ernste, bisher nicht angestellte Erwägung.

Nun stand Genua seit 1528[3] fast ununterbrochen in voller Abhängigkeit von dem spanisch-habsburgischen Interesse, seine Flotte aber bildete im Jahre 1571 unter dem von König Philipp II. begünstigten[4] Don Johann Andreas Doria, der am 5. October dieses Jahres in der Schlacht bei Lepanto den rechten Flügel commandirte, einen Theil der spanischen. Es wäre unmöglich gewesen, ein der spanischen Regierung unangenehmes Buch in Genua erscheinen zu lassen. Dazu begannen[5] eben in diesem Jahre (1571) die Kämpfe zwischen dem alten Adel Genua's und den ‚Aggregirten', aber auch einer dritten, von den unteren

---

[1] Non havendo riguardo all' età sua di LXX anni, ne alla stagione, ne alla lunghezza del viaggio venne da Genova a Venezia con proponimento die far stampare il sudetto libro. Moleto's Vorrede.

[2] Acciochè per tutto potesso la verità de' fatti di così valoroso huomo, honore veramonte dell' Italia e specialmente della patria di V. S. farsi chiava et aperta.

[3] Giuseppe de Leva, storia documentata di Carlo V. in correlazione all' Italia t. II (1864) 480, nach dem handschriftlichen Vertrage in Simancas auszugsweise. Michel-Giuseppe Canale, nuova istoria della repubblica di Genova IV (1864) gibt in zwölf zum Theil abweichenden Punkten ebenfalls den Inhalt des, wie es scheint, noch ungedruckten Vertrages.

[4] Foglieta . . . . istoria della sacra liga, fatta volgare per Guastavini (Genova, 1598) p. 167.

[5] Leo, Geschichte von Italien V, 511—516 (1829). Bréquigny, histoire des révolutions de Gênes (1753) II, 182–200. Beide ohne Belege.

Classen gebildeten Partei,[1] welche erst mit der neuen Verfassung vom 15. März 1576 wesentlich durch Philipp's II. Mässigung ihr Ende fanden. Der alte Adel war inzwischen einige Zeit in die Nachbarschaft ausgewandert und stand unter Philipp's II. besonderem Schutze.[2] Welcher altadelige Genuese hätte unter diesen Umständen durch eine Publication der für den spanischen König unangenehmen Biographie zu der nun einmal gedruckten italienischen Uebersetzung auch noch mit dem spanischen Original und einer lateinischen Edition weitern Anstoss erregen mögen!

Hiebei kommt auch noch eine etwas ältere Druckfrage in Betracht. Die Historie[3] behaupten, dass Giustiniani's 1537 erschienene Chronik von Genua wegen einer Reihe falscher Angaben über Columbus von der genuesischen Signoria verboten worden sei: sie habe Strafe auf ihren Besitz und ihre Lecture gesetzt, die Exemplare aufsuchen und vernichten lassen. Bei Las Casas erscheint die Nachricht mehr als Gerücht — ‚wie ich gehört habe‘[4] — und ohne die dreizehn Beschwerdepunkte der Historie gegen Giustiniani's Irrungen, eigentlich in seinem Psalterium, aber doch mit der officiell klingenden Begründung, dass der Rath von Genua nach eingehender Prüfung bei Giustiniani Pflichtverletzung gegen die Wahrheit gefunden habe ‚und[5] demgemäss nachtheilig für eine so würdige Person und der die ganze Christenheit so viel Dank schuldet‘. Die Nachricht findet sich freilich sonst nicht bestätigt, Tiraboschi[6] erwähnt sie überhaupt nicht; in der Zahl der seltenen Bücher erscheint doch Giustiniani's Chronik.[7] Peragallo[8] aber ist geneigt, die Verur-

---

[1] Muratori annali d'Italia (Venezia, 1846) VI, 766 zum Jahre 1575: una terza fazione cioè la popolare. Die Aggregirten nennt er wie ähnlich Bréquigny: nobili nuovi, ebenfalls ohne Belege.

[2] Muratori VI, 767.

[3] Cap. 2, fol. 6 verso.

[4] L. I, c. 3, t. LXII, p. 50: segun tengo entendido.

[5] Y por consiguiente perjudicando á una persona tan digna y á quien tanto debe tota la christianidad.

[6] Auch in der Octavausgabe XII, 1149.

[7] Graesse, trésor de livres rares p. 90, verzeichnet fünf Exemplare zum Preise von sechs Franken bis zehn Dukaten. Das Buch findet sich in Wien übrigens sowohl in der Palatina als in der Universitätsbibliothek.

[8] p. 83. Trotz der Erregung des anmuthigen Autors kann man doch das Argument nicht für stark halten, da die Genuesen auch die ihnen als

theilung des Buches für richtig zu halten, da man sonst in Genua die Sache nicht hätte mit Stillschweigen übergehen können. Eher könnte man freilich an ein Verbot des im November 1516, in fünf Sprachen neben einander, erschienenen Psalterium Giustiniani's denken, das noch seltener zu sein scheint [1] und wunderlich genug als Note zum fünften Verse des neunzehnten Psalmes eine eingehendere, aber doch äusserst anerkennende [2] und gleichsam im Namen Genua's dankbare [3] Lebensbeschreibung enthält. Aber dass ein solches Prachtwerk religiösen Inhalts wegen ein paar für spanische Edelleute missliebiger Sätze in einer Note vernichtet worden sein sollte, ist doch auch nicht anzunehmen.

In Spanien hat, soweit ich zu beurtheilen vermag, nach ihrem Erscheinen in Venedig die Biographie, durch welche der Sohn des Vaters Andenken ehren wollte, selbst in dieser italienischen Uebersetzung keine Verbreitung und vielleicht nicht einmal Eingang gefunden. Es ist mindestens merkwürdig genug, dass Argote de Molina im Jahre 1588 in seinem Aparáto a la historia de Sevilla sogar behauptet, Ferdinand Colón's Geschichtsbuch befinde sich noch immer in der ihm freilich unzugänglichen Colombina, und dass derselbe Molina seine Nachrichten über den Entdecker nur Jovius' kärglichem Berichte, nicht aber den Historie entnehmen konnte.[4]

Hier erhebt sich die Frage, in welchem Sinne und auf welche Weise Las Casas zur Benutzung von Ferdinand Colón's Buch gelangte.

---

notorisch falsch bekannten Nachrichten über Columbus' Herkunft stillschweigend passiren liessen.

[1] Harrisse, bibliotheca Americana vetustissima 155—158 mit Reproducirung des Titelblattes.

[2] Ich benütze den Abdruck in der Histoire diplomatique du chevalier Portugais Martin Behaim . . . par Christ. Theoph. de Murr, traduite de l'Allemand par le citoyen H. J. Jansen, 3ᵉ édition. Strassbourg et Paris 1802, p. 150—156. Der Schluss lautet: hic fuit viri celeberrimi exitus, qui si Graecorum heroum temporibus natus fuisset, procul dubio in Deorum numerum relatus esset.

[3] Moriens autem Columbus, haud oblitus est dulcis patriae: reliquit enim officio Sancti Georgii quod appellant habentque Genuenses praecipuum et veluti totius reipublicae decus et columen decimam partem proventuum universorum, quos vivens possidebat. Es folgt dann der Schlusssatz.

[4] Das führt gegen Harrisse eben Peragallo 29—31 doch sehr hübsch aus.

Als er, wahrscheinlich dreiundsiebzigjährig,[1] im Jahre 1547 etwa im Juni[2] nach Abgabe seiner bischöflichen Functionen[3] aus Amerika wieder bleibend nach Spanien zurückgekehrt war, blieb er, obwohl ein begeistert treues Glied seines Ordens der Dominikaner, in mannigfaltigen socialen Beziehungen. Wie sehr er sich der vollen Gnade seines Königs erfreute, beweist, dass ihm derselbe[4] durch das Hofquartieramt (aposentadores) überall standesgemässe Wohnung sicherte: eben während eines Hofbesuches in Madrid im Jahre 1564 hat er dort sein Testament gemacht. Da hat nun der fast unvergleichliche Mensch — dem selbst Wilhelm Wilberforce sich kaum an die Seite setzen lässt — in der vielseitigsten und einer doch innerlich einheitlichen[5] Thätigkeit für seinen grossen Lebenszweck der Humanität, stets so furchtlos wie unermüdlich arbeitsam, bis zu seinem im S. Gregorkloster der Dominikaner zu Valladolid im Juli 1566 eingetretenen Tode gewirkt. Er hatte seit dem Jahre 1527 historisches Material gesammelt und über die westindischen Angelegenheiten zunächst zahlreiche kleinere Schriften, namentlich die ‚Bericht über die Zerstörung Indiens‘[6] genannte Anklageschrift des spanischen Willkürregiments in Amerika veröffentlicht. Mit deren Erscheinen im Jahre 1552 hat er dann seine mehrerwähnte, uns hier allein interessirende ‚Allgemeine Geschichte‘ begonnen, der mindestens er selbst nicht auf dem Titel den Beisatz ‚von Westindien‘ (de las Indias) gegeben hat. Das erste Buch hat er im November 1559 in seinem Kloster zu Valladolid feierlich unter Bedingungen niedergelegt, die für unsere Untersuchung von grosser Wichtigkeit und noch zu besprechen sind, das dritte hat er 1561 beendet.[7] Ob er noch in den fünf übrigen, nach

---

[1] Si bien no hemos logrado ver ningun documento que directamente lo pruebe. Fabié 10.

[2] Ein Schreiben des Kronprinzen Philipp vom 22. Juni 1547 aus Valladolid zeigt, dass er dort schon Audienz gehabt hatte. Fabié 210.

[3] Die förmliche Resignation datirt erst vom 11. September 1550. Fabié 226.

[4] Verfügung vom 14. December 1460 und der wahrscheinlich letzte Hofbesuch: Fabié 227.

[5] Näher entwickelt bei Fabié 356.

[6] Vgl. oben S. 637, Anm. 1.

[7] Erschöpfend ist dieses ganze chronologische Sachverhältniss dargelegt in der Vorrede zum ersten Bande der Edition, LXII, p. II und bei Fabié 358 f., Beide in scharfer Polemik gegen Harrisse's Angaben.

allen Anzeichen in ungeschwächter Geisteskraft, bei einem stets
wundersam sichern Gedächtnisse, verbrachten Jahren seines
Lebens auch die von ihm beabsichtigten drei letzten Bücher
des Werkes geschrieben hat, ist zur Zeit noch nicht bekannt
geworden.[1]

Las Casas hat ausser dem Urkundenschatze des seit
1545 im benachbarten Simancas eingerichteten Archives[2] noch
zahlreiche andere Originaldocumente benutzt,[3] wie er sich denn
z. B. berühmt,[4] ,gegenwärtig in seinem Besitze viele eigenhän-
dige Schriften des Admirals' zu haben.

Während er in Valladolid an der, wie gesagt im November
1559 von ihm selbst bezeugten Vollendung seines ersten Buches
arbeitete, wurde gerade der Enkel des Entdeckers, dessen Geschichte, besonders auf Grund von Don Ferdinands Erzählung,
dieses erste Buch grösstentheils füllt, in der nahen Feste Simancas am 5. Januar 1559 als Gefangener eingebracht.[5] Derselbe blieb hier bis 1563, d. h. bis zu seiner Transferirung

---

[1] Vorrede, p. III. Fabié 359.

[2] Francisco Dias Sanchez, guia de la villa y archivo de Simancas. Madrid
1885, p. 22—24. Ich bemerke, dass für weitere Forschung über unsere
Frage die hier Seite 70 verzeichneten Correspondenzen aus Genua von
1495 bis 1616 und aus Venedig von 1520—1599 in Betracht zu ziehen
sein dürften.

[3] Harrisse, Christ. Colomb I, 128 bezweifelt, dass er die in den Historie
benutzten Urkunden selbst gesehen habe (jamais vus). Aber mindestens
I, I, c. 3 (t. LXII, p. 47) sagt er ausdrücklich: esto todo se colige muy
claro de lo que escribió en los viajos . . . y de algunas cartas suyas
que escribió á los Reyes que vinieron á mis manos. Seine Wahrhaftig-
keit hat noch Niemand mit Fug bestritten. Wenn Fabié 360 (vgl. 358)
sagt: apasionado pero no mendaz obispo, so ist das noch eben zulässig.

[4] I, I, c. 2, t. LXII, p. 44. Fabié 362. Dazu I, I, c. 32, t. LXII, p. 250:
cartas de Christ. Colon escritas de su misma mano para los Reyes . . .
que yo he tenido en mis manos.

[5] Harrisse, bull. géogr. 1874, VIII, 403, der Tag bei D'Avezac ebendas.
1873, VI, 385. Dass er wirklich pour toute prison la ville de Simancas
hatte, bestreitet wie es scheint Harrisse, da er mit gesperrtem Drucke
hervorhebt, man habe ihn von Medina del Campo dahin geführt: weil
la prison fut mieux appropriée et plus sûre, on le conduisit à
la forteresse de Simancas. Wenn Sanchez' guia . . . de Simancas p. 16
auch Don Luis Colon unter denen nennt, welche pasaron largos años
de su vida encerrados en el castillo, so wird doch kein Zeugniss zum
Belege dieser Behauptung beigebracht.

zuerst in die Nähe von Madrid, dann nach Madrid selbst vor seinem Exil vom November 1565. Don Luis war gerade an der Stätte des Staatsarchives, in welchem Las Casas wohl oft genug zu arbeiten hatte.

Von den beiden Gelehrten, welche (vgl. oben S. 642 f.) Don Luis' Haft behandelt haben, fasste D'Avezac dieselbe, wie wir sahen, doch etwas zu gelinde; aber auch Harrisse, der die Härten hervorhebt, nennt die Behandlung noch ‚freundlich genug'.[1]

Wie hätten der greise, allgemein verehrte Dominikaner und der um seiner Fleischessünden willen in Haft genommene Enkel des von ihm persönlich gekannten und so hoch gewürdigten Entdeckers einander nicht in Simancas sehen und von Columbus sprechen sollen! Las Casas nennt Don Luis nicht. Ob er dem Erben Don Fernando's dessen Geschichtsbuch benutzen zu können verdankte oder umgekehrt dem Don Luis erst Kenntniss von demselben gab, das er einfach der dem Erben aberkannten Colombina entliehen haben konnte, ist wohl nicht mehr sicher auszumachen; gewiss ist nur, dass eine Benutzung des Buches in Spanien ausser bei Las Casas und somit seit dem November des Jahres 1559 oder besser seit 1561[2] sich nicht mehr nachweisen lässt.

Immerhin ist die zweite Möglichkeit, die directe Entlehnung des Buches durch Las Casas aus der Colombina, die wahrscheinlichere.

Mit der Vicekönigin, welche die Sicherung dieses Schatzes[3] veranlasste, war Las Casas bekannt: er spricht einmal von einem Gespräche mit ihr über Columbus' erste Reise; da er aber nur aus der Erinnerung erzählt — ‚wenn mein Gedächtniss mich nicht täuscht, sagte sie mir eines Tages'[4] — so ist anzunehmen, dass er zu jener Zeit Aufzeichnungen für sein späteres Hauptwerk nicht machte. Ueber die Zeit des Gespräches verbieten sich selbst Vermuthungen, da Doña Maria den Titel Vicekönigin von ihres Gemahles Diego Colón Tode im Februar 1526 bis

---

[1] — une incarceration préventive d'ailleurs assez bénigne. Harrisse, Christ. Colomb II, 258.

[2] Vgl. oben S. 648, Anm. 7

[3] Vgl. oben S. 644.

[4] Si no me he olvidado, un dia, hablando con la Virreina de las Indias . . . me dijo cet. l. I, c. 39, t. LXII, p. 289.

zu ihrem eigenen Ableben im Mai 1549 führte und sowohl bei
ihrem wiederholten Aufenthalte in Spanien, als in ihrer Residenz
von Santo Domingo[1] Las Casas gesehen haben kann. In Sevilla
war sie nun bei jener Uebertragung der Bibliothek in das
dortige Dominikanerkloster am 7. April 1544 anwesend; in eben
demselben Kloster war aber Las Casas genau eine Woche vorher am 30. März 1544[2] zum Bischofe von Chiapas geweiht
worden: auch bei diesem Anlasse muss er wohl die Vicekönigin
gesprochen haben. Dass er damals, von den schwersten geistlichen und humanitären Sorgen in Anspruch genommen, die
Colombina näher kennen gelernt habe, lässt sich freilich kaum
annehmen. Dass er sie nach seiner definitiven Rückkehr in
die spanische Heimat, und zwar noch vor 1552, ehe sie in den
Besitz der Kathedrale kam, benutzt habe, ist wahrscheinlich,
da er ein in derselben befindliches Buch aus Columbus' Nach-
lass für ein Citat nennt, wahrscheinlich auch andere Werke und
Toscanelli's an Columbus gesendete Karte aus dieser Bibliothek
wohl durch Geschenk seiner Ordensbrüder in seinem Besitze
hatte.[3] Es ist nicht undenkbar, dass ihm auch die Handschrift
von Ferdinand Colón's Geschichte seines Vaters auf diese Weise
zugekommen und in Simancas von Don Luis in Anspruch genommen worden ist. Nicht ganz ist hiebei jedoch ausser Acht
zu lassen, dass er mit des unvermählten Verfassers Mutterbruder
Pedro de Arana ,sehr gut' bekannt war[4] und auch durch ihn
möglicher Weise das Buch erhalten haben konnte.

Wie bedenklich der Inhalt des Buches gegenüber den
Handlungen und Ansprüchen der spanischen Könige erscheinen
musste, die seit 1536 der Familie des Entdeckers die derselben
feierlich zugesicherten Rechte und Einkünfte entrissen, liegt auf
der Hand. Mit auffallender Häufung der Ausdrücke, welche sich
keineswegs in der Originalurkunde[5] findet, wird nicht nur die
Natur des ihm — und seinen Erben — zugestandenen Einkommen-
zehentens der zu entdeckenden Lande gleich bei Erzählung des
von Columbus gestellten Verlangens dieser Bedingung erwähnt,

---

[1] Harrisse, Christ. Colomb II, 242 f.
[2] Fabié 162.
[3] Harrisse, Christ. Colomb I, 129.
[4] l. I, c. 130, t. LXIII, p. 220.
[5] Vgl. oben S. 643, Anm. 5.

sondern auch an einem Beispiele verdeutlicht.[1] Es mag das geschrieben worden sein, als die Verhandlungen im indischen Rathe noch schwebten; denn schon 1535 polemisirt Oviedo in seiner ,Allgemeinen Geschichte' gegen das Buch, das nachher noch polemische Zusätze gegen Oviedo und Giustiniani erhalten hat.[2] Ein actuelleres Interesse gewonnen haben aber diese Ansprüche und alle die in der Historie erzählten schweren Kränkungen, Schädigungen, die Haft und die Ketten des Entdeckers erst für Don Luis und das öffentliche Urtheil über dessen Benachtheiligung und Behandlung.

Ich denke, dass man nun völlig die seltsame Bestimmung versteht, welche der so patriotische wie wahrheitliebende Las Casas über sein Werk traf. Als er das erste Buch desselben eben im November 1559 dem Gregoriuskloster von Valladolid übergab, geschah es unter der feierlich in der Vorrede ausgesprochenen Bedingung, dasselbe bis zum Jahre 1600 vor jeder Publication durch den Druck zu schützen und einen solchen auch nach diesem Termine nur zuzulassen, wenn es dem Heile der Indianer und Spaniens entspreche; bis dahin aber solle das Buch schlechterdings jedem Laien zur Einsichtnahme verschlossen bleiben; ja, Rector und Räthe des Klosters werden ersucht, das Buch auch nicht alle Klosterangehörigen, sondern nur die Verständigsten lesen zu lassen, um jedes vorzeitige, unnütze Bekanntwerden zu verhüten.[3]

Und dass man nicht glaube, Las Casas habe das actuell Bedenkliche gerade der uns interessirenden Columbusfrage bei Abfassung seines ersten Theiles verkannt. Die anzügliche Form, in welcher die Historie die Zechentenfrage erwähnen — ungenau mit Einbeziehung der Columbus zugestandenen Achtelabgabe von Handelsgegenständen — vermeidet Las Casas. Dafür bringt

---

[1] Dimandò il decimo di tutto quello, che si comprasse, barattasse, si trovasse, si guadagnasse ... di modo che si fossero stati in un' Isola mille ducati i cento havevano di esser suoi. Historie f. 36 recto.

[2] Peragallo erörtert das Seite 28, 51 bis 53 treffend und in einer auch für die Zeit der Entstehung mancher Geschichtswerke des Alterthums, z. B. Herodot's, belehrenden Weise.

[3] Y no pareco convenir que todos los colegiales la lean, sino los mas prudentes, porque no se publique antes de tiempo, porque no hay para qué ni ha di aprovechar. t. LXII. p. 1.

er den compromittirenden Hauptvertrag vom 17. April 1492
wörtlich;[1] die vorangegangenen Forderungen führt er zwar
nicht im Einzelnen an,[2] aber er bemerkt in einer auch für uns
völlig verständlichen Form über die Gesammtheit der gewährten
Zugeständnisse, sie seien in Wahrheit sehr gross und ausser-
gewöhnlich gewesen ,und auch heute für solche zu halten'；
aber es ,war damals eine grosse Unüberlegtheit und würde es
auch heute sein, nicht in Erwägung zu ziehen, dass durch eine
derartige Forderung eben nur ein Mann wie er (Columbus) einen
solchen Botenlohn verlangen konnte'.[3]

In demselben Monate aber, in welchem Las Casas starb,
am 24. Juli 1566, ward der in seinem Exil in Oran lebende
Don Luis der Beweismittel seiner Familienansprüche beraubt.
Denn an diesem Tage bemächtigte sich die Justiz im Grotten-
kloster (las Cuevas) bei Sevilla des eisernen Kastens, der seine
Familienpapiere enthielt, und nahm das Inventar auf.[1] Da hatte
Don Luis, wie man annehmen darf, kein anderes Beweisstück
mehr für seine Rechte als die Geschichte seines Grossvaters.

Der ihm befreundete gennesische Edelmann aber übernahm es — wohl ohne Ahnung von den noch in diesem Jahre
beginnenden Verfassungskämpfen in Genua[5] — im schicklichsten
Momente, dieses Buch ausserhalb des spanischen Machtbereiches
und doch in einem Spanien frei verbündeten Staate publiciren
zu lassen. Die Vorrede ist vom 25. April 1571 datirt. Das ist
die Zeit der schwierigen, seit dem vorigen Jahre begonnenen,
durch die venetianische Drohung mit einem Türkenbunde erst
am 2. Juli 1571 mit dem Vollzuge der heiligen Liga zum Ab-

---

[1] l. I, c. 33, t. LXII, p. 251.

[2] Hacia más difícil la acceptacion deste negocio lo mucho, que Christ.
Colon ... pedia, conviene á saber: estado, Almirante, Visorey y gover-
nador perpetuo etc. — welcher letztere Satz oben den Auszug zeigt.
l. I, c. 31, t. LXII, p. 243.

[3] cosas — so fährt Las Casas fort — que, á la verdad, entónces se juz-
gaban por muy grandes y soberanas, como lo eran y hoy por tales se
estimarian, puesta que mucha fué entónces la inadvertencia y hoy lo
fuera, no considerandose, que si pedia esto, no era sino como el que
pide las abrielas dellas mismas.

[4] Harrisse, Christ. Colomb II, 266.

[5] Vgl. oben S. 645 f.

schluss gebrachten Verhandlungen,[1] welche den glorreichen Erfolg von Lepanto im October dieses Jahres ermöglichten. Von spanischer Seite konnte man bei dem Erscheinen der Historie eben nur schweigen und von genuesischer hatte man allen Grund, dem hochberühmten Landsmanne gegenüber, dessen Thaten doch auch die Heimatstadt verherrlichten, mit keinem Worte zu verrathen, wie viel notorisch Falsches sich über seine Herkunft, Jugend und Ausbildung in dem Buche fand — ganz abgesehen von der früher (S. 646) erörterten Rücksichtnahme auf den spanischen König, welche die Unruhen in der Heimatstadt noch in diesem Jahre so nahe legten.[2]

Nun scheint es mir ein Grundirrthum der Gelehrten, welche sich mit diesen, den erhaltenen Urkunden gegenüber ganz handgreiflichen Unwahrheiten beschäftigt haben, dieselben, wie auch Peragallo, obgleich in halb hypothetischer Frageform, versucht, als Wahrheiten hinzustellen. Peragallo meint, dass es ja zwei Familien Colombi in Genua, beziehungsweise in Savona, mit allen den gleichen genau stimmenden Vornamen und Altersverhältnissen gegeben haben könne. Er hat das Gerichtsausschreiben von Savona übersehen,[3] welches am 24. Januar 1501 die gemäss eidlicher Aussage dreier Zeugen nach Spanien ausgewanderten Söhne des genuesischen Bürgers Domenico Colombo: Christoph, Bartholomäus und Jacob für eine von ihrem Vater contrahirte Schuld haftbar erklärt. Es geht ebensowenig mit der Auskunft D'Avezac's,[4] der dem freilich notorisch auf Titel und äussere Ehren überaus begierigen[5] Don Ferdinand Colón das Erfinden vornehmer Herkunft und Verwandtschaft verziehen haben will.

---

[1] Foglieta ... istoria della sacra liga (vgl. oben S. 645, Anm. 4) 43, 68f., 180 f., 182, 221 mit merkwürdigem Detail; sonst Romanin, Storia documentata di Venezia VI, 300—302.

[2] Neue urkundliche Forschungen über die politischen Bewegungen in Genua von 1571 bis 1576 dürften auch den beiden für die Publication der Historie so wichtigen Edelleuten Fornari und Marino ihren Platz geben. Bréquigny, révolutions de Gênes entbehrt bei der Erzählung des Verlaufes der gerade für uns wichtigen Einzelnheiten: je n'entrerai dans le détail de menus faits qui contribuèrent à aigrir les esprits (II, 183).

[3] Harrisse, Christ. Colomb I, 203.

[4] Bull. géogr. 1873, VI, 485 sqq.

[5] Peragallo 42.

Am wenigsten zulässig ist aber vielleicht Harrisse's in verschiedenen Formen und Modificationen wiederkehrende Annahme, nur ein Unkundiger, ein Columbus' Familie fernstehender Autor habe auf so grundlose Behauptungen gerathen können. Auch Harrisse geht im Vertrauen auf Columbus' Tugend[1] weit: er nimmt an, Columbus' Gattin müsse wohl gestorben sein, ehe er das Verhältniss zu Beatrix Enriquez anknüpfte, die ihm am 15. August 1488 den für unsere Untersuchungen so wichtig gewordenen Don Ferdinand gebar. Columbus selbst macht aber auf solche Tugend so wenig Anspruch, dass er in seinem letzten Testamente vom 19. Mai 1506 ausdrücklich mit seiner Verpflichtung gegen Beatrix hervorhebt, wie schwer die Sache auf seinem Gewissen laste.[2]

Man muss denn aber doch, trotz aller Anerkennung seines Genius und seiner Verdienste, bei Erörterung dieser Fragen nicht ausser Acht lassen, dass eine erhebliche Summe gewagter Behauptungen, welche selbst das Mass der Selbsttäuschung überschreiten dürfte, in Columbus' Schriften hervortritt. Bei ihm, der den Werth des Goldes so übermässig zu schätzen wusste, der die Indianer in seinem Tagebuche der ersten Reise wiederholt als ein ‚an Allem sehr armes Volk‘ bezeichnet, von dieser Reise in der That nur ganz unbedeutende Beträge mitbrachte, ist es denn doch ein starkes Stück, wenn er in seinem officiellen Berichte über eben diese Reise neben einer Reihe von irrig gedeuteten, überschätzten und thatsächlich meist werthlosen Producten[3] behauptet, ‚Gold ist dort im Uebermass‘ und ‚die Könige werden sehen, dass ich Gold mit nur ganz geringer Hilfe Ihrer Hoheiten denselben so viel liefern können werde, als sie Bedürfniss dafür haben‘.[4]

Für das, was er über seine genuesische Herkunft nicht etwa selbst glaubte — denn er war laut einer Reihe gericht-

---

[1] Disposé à accorder toutes les vertus chrétiennes, nous voulons croire etc. Harrisse, Christ. Colomb I, 299.

[2] — persona á quien y soy en tanto cargo. Y esto se haga por mi descargo de la conciencia (es handelt sich um ihre anständige Versorgung), porque esto pesa mucho para mi anima. Navarrete II, 315.

[3] Harrisse l. l. II, 43, 46, 51.

[4] — en esta ay oro sin cuenta. — — — que pueden ver sus altezas que yo les daré oro quanto ouieren (hubieron) menester con muy poquita ajuda que sus Altezas me daran. Harrisse l. l. I, 432.

licher Acte von Savona und nach dem Ursprungsnamen ‚de Terrarossa‘, den er wie sein Bruder Bartholomäus führte, nicht in der Möglichkeit zu zweifeln — sondern was er von Anderen geglaubt wünschte, kommen mehrere Momente in Betracht.

Er hat, wie es scheint, weder in Portugal noch in Spanien jemals ein Hehl aus seiner genuesischen Staatsangehörigkeit gemacht, wenn es auch nicht viel bedeuten wollte, wenn man Jemanden etwa schon seiner Sprache halber[1] als der ‚genuesischen Nation‘ zugehörig bezeichnete. Etwas mehr fällt schon ins Gewicht, wenn Las Casas, der ihn wiederholt sprach, ihn überdies ‚aus irgend einem Orte der Landschaft Genua‘[2] herleitet. Ich will dahin gestellt sein lassen, ob man mit Recht nach D'Avezac's[3] Vorgang die Worte in der ‚Geschichte der katholischen Könige D. Ferdinand und Dª Isabel‘ von dem Pfarrer Andreas Bernaldez, bei dem Columbus eine Zeit lang nach seiner zweiten Reise wohnte und Schriften zurückliess, der Entdecker sei ‚natural de la provincia de Milan‘ gewesen, gutmüthig dahin erklären darf, es sei dadurch nur die politische Abhängigkeit Genuas von Mailand während des grösseren Theiles des 15. Jahrhunderts gemeint. Gewiss ist aber, dass es mindestens eben so nahe liegt, die zweideutige Wendung, welche die Brücke zu einer Abstammung aus dem Adel des Herzogthums Mailand bilden kann, Columbus' eigener Mittheilung zuzuschreiben.

Der Entdecker bezeichnet sich nun freilich zweimal als geborenen Genuesen in seiner Urkunde über die Majoratstiftung seines Hauses vom 22. Februar des Jahres 1498, welche von den spanischen Königen am 28. September 1501[1] förmlich bestätigt wurde. Es ist das ein Act von königlicher Liberalität, wenn man die für Spanien einigermassen beleidigende Fassung erwägt, in der hier Columbus seiner Herkunft gedenkt. Denn er begnügt sich nicht zu bemerken, dass er ‚in Genua geboren, nach Castilien

---

[1] Peragallo, p. 38—40.

[2] Fué este varon escogido de nacion genovés, de algun lugar de la provincia de Genova, l. I, c. 2, t. LXII, p. 42.

[3] Canevas chronologique de la vie de Chr. Colomb, Bull. géogr. 1872, IV, 17: le nom de Milan est ici la simple expression de la dépendance politique habituelle de la république de Gènes à l'égard du duché de Milan pendant la majeure partie du quinzième siècle.

[4] Navarrete I, p. CXLVI.

gekommen sei, um Ihren Hoheiten zu dienen'[1] — was, so ausgedrückt, mit Unterdrückung aller Zwischenglieder seines Lebens, nicht eben genau ist —, sondern er verfügt auch zweierlei in Bezug auf seine Vaterstadt mit wohlbedachten Wendungen. Der jedesmalige Majoratsherr soll immer ,in der Stadt Genua eine Person unserer Verwandtschaft erhalten, die dort Haus und Frau hat' mit einer zu anständigem Leben genügenden Rente. Von der betreffenden ,Person' hebt Columbus hervor, dass sie ,so zu unserer Verwandtschaft gehöre und er (der Majoratsherr hiedurch) Fuss und Wurzel in der genannten Stadt als ein Eingeborener derselben habe, damit er in den Fällen seiner Noth von der genannten Stadt Hilfe und Gunst erhalten könne, weil ich aus ihr entsprungen[2] und in ihr geboren bin'.[3] Er berühmt ferner Genua — wo er Abschriften seiner wichtigsten Urkunden aufbewahren liess — als eine ,edle und zur See mächtige Stadt', in deren Bank von Sanct Georg er gewisse Gelder als besonders sicher hinterlegen solle.[4]

Es ist, wie gesagt, der genuesische Rückhalt, den er seinem Hause sichern will und der sich ja wirklich einigermassen seinem Enkel bewährt hat, in unzweideutiger, für die spanische Regierung aber keineswegs schmeichelhafter Weise bezeichnet. In einer wohl berechneten Wendung erscheint aber auch er selbst als aus der Stadt selbst entsprungen, obwohl er notorisch in Terrarossa oder Quinto auf dem Lande im Osten geboren ist, und seine Vorfahren väterlicher- wie mütterlicherseits in den-

---

[1] — siendo yo nacido en Genova les (sus Altezas) vine a servir aqui en Castilla. Navarrete II, 228.

[2] Harrisse, Christ. Colomb I, 221; II, 154 übersetzt: c'est de là que je suis sorti, was nach dem Wortgebrauche nahe liegt, aber mir nach dem Zusammenhange nicht zulässig erscheint.

[3] — que tenga o sostenga siempre en la ciudad de Génova una persona de nostra linaxe, que tenga allí casa ó muger é le ordene renta con que pueda vivir horradamente como persona tan allegada en nuestra linaxe, y haga pie e raiz en la dicha cibedad como natural dello , porque podra haber de la dicha cibedad ayuda ó favor en las cosas del menester suyo, pues que della salí é en ella nací. Harrisse, Christ. Colomb II, 155 nach der wahrscheinlich ältesten Abschrift des Absatzes in dem Exemplare von Sevilla mit den Varianten des Exemplares von Genua.

[4] Navarrete, ibid. 232 sq. Vgl. oben S. 647, Anm. 3, was Giustiniani über das Institut sagt.

selben östlichen Aemtern Bisagno und Fontanabuona gelebt
haben.[1] D'Avezac[2] und nunmehr auch Harrisse[3] sehen in
diesen Veränderungen der Wahrheit in Bezug auf seine Herkunft von Columbus' Seite nur leicht verzeihliche Schwächen.
Sein Sohn Ferdinand klagt allerdings in der Historie über
des Vaters grosse Zurückhaltung über die Begebenheiten seiner
Jugend.[4] Vollkommen sicher ist aber, dass weder Columbus
noch einer seiner beiden Söhne jemals in Spanien öffentlich des
bescheidenen Familiengewerbes von Wollkrämplern und Wollen-
webern — allenfalls nach Giustiniani's genuesischer Chronik auch
Seidenwebern — noch des Vaters Domenico Weinschank in
Savona gedacht haben. Vollends haben sie nie ahnen lassen, dass
Columbus selbst noch am 20. März 1472 als genuesischer Wollen-
weber und in Savona als Zeuge anwesend bezeichnet wird,[5]
bei einem Hausverkaufe seiner Mutter mit seinen Eltern und
einem Bruder ebenfalls in Savona noch am 7. August 1473 in
persönlicher Anwesenheit seine Zustimmung erklärte.[6]

---

[1] Harrisse l. l. I, 167—222.

[2] — péchés mignons de l'humaine faiblesse. Bull. géogr. 1873, VI, 486.

[3] Er führt l. l. I, 221 als Milderungs- und Erklärungsgründe unter Anderm an: sa fierté de caractère . . . les préjugés de l'époque, erwähnt
p. 220, dass auch der Columbus befreundete Lehrer der königlichen
Prinzessinnen, Bischof Alexander Geraldini, ihn kurz und ausdrücklich
natione Italus e Genua Liguriae urbe nenne; ich möchte das doch
nicht als Argument verwenden.

[4] — di quei primi di io non ho piena notitia, per cio che . . . io non ha-
veva tanto ardire . . . di richiederlo di cotai cose. c. 4, fol. 7 verso.

[5] Christoforo de Columbo, lanerio de Janua. Urkunde bei Harrisse, a. a. O.
II, 419, n. XIV.

[6] Insuper iidem Christoforus et Johannis Pelegrinus filii dictorum Domi-
nici et Suzane jugalium ibidem presentes et audientes et intelligentes
et sentientes premissa omnia contenta in presenti suprascripto instru-
mento annuerunt consentierunt, ac annuunt et consentiunt. Harrisse,
a. a. O. II, 425, n. XXII. Der Vater Domenico wird als laniere, citta-
dino di Genova presentemente abitante in Savona, zuletzt am 17. August
1481 bezeichnet, wenn auch der Lehrlingsbrief seines in eine Tuch-
weberei eingetretenen Sohnes Giacomo (später Diego) vom 10. September
1484 wahrscheinlich macht, dass die Eltern noch nicht nach Genua zurückgekehrt waren. Harrisse, a. a. O. II, 437, n. XXXIV und XXXV. Der
libro delle avarie, in welchem nach Spotorno p. XIV auch Columbus
1476 mit einem Schiffsverluste eingetragen sein soll, hat sich in Genua
neuerlich nicht gefunden, wenigstens nach Harrisse, Bull. géogr. VIII,

An Gelegenheit, die Wahrheit zu erfahren, hätte es nun freilich Ferdinand Colón keineswegs gefehlt. Ganz abgesehen von seinen persönlichen zahlreichen Beziehungen zu Genua,[1] wo er sich im Jahre 1529 auch ein schönes Haus bauen liess, hat dieser vielleicht eifrigste Büchersammler seiner Zeit allen Anlass gehabt, Einsicht in die genuesischen Geschichtschreiber zu nehmen, welche Herkunft und Jugend seines Vaters behandelten.

Der ursprünglichste und wichtigste für die Frage in Betracht kommende Zeuge, der Kanzler von San Giorgio Antonio Gallo, war auf alle Fälle handschriftlich zugänglich; schon in seiner auf uns gekommenen Schrift ,über Columbus' Fahrt' aus dem Jahre 1495 äussert er sich über Herkunft und Jugend desselben hinlänglich. Wenn aber eine Aeusserung in des Bischofs von Nebbio, Augustin Giustiniani, im Jahre 1537 in Genua erschienenen Annalen wörtlich zu nehmen ist, so müsste er noch eine besondere Biographie des Entdeckers geschrieben haben.[2] In der uns vorliegenden Schrift sagt er von Christoph und Bartholomäus Columbus, sie seien zu Genua — was irrig ist — von plebejischer Familie geboren, hätten aus Wollfabrication, der Vater als Weber, die Söhne einst als Krämpler, ihren Unterhalt gewonnen, seien aber jetzt durch ganz Europa durch ihre kühnen und für die ganze Menschheit bemerkenswerthen Thaten zu grosser Berühmtheit gelangt.[3] Der seit 1477 zum officiellen Geschichtschreiber Genuas berufene Bartholomäus Senarega,[4] der die genuesische Geschichte von 1188 bis 1514 behandelt

---

506 noch 1871, und nach Harrisse's Schweigen in dem Werke über Columbus auch bis 1885.

[1] Peragallo 36 f. macht freilich mit Recht anf die Uebertreibung dieser Beziehungen, namentlich von Harrisse's Seite, aufmerksam.

[2] — ha scritto la vita sua amplamente. Fol. 249ᵃ. Harrisse, a. a. O. I, 75 hält das nur für eine Redewendung.

[3] . . . hoc tempore per totam Europam audacissimo ausu et in rebus humanis memorabili novitate in magnam claritatem evasere. Antonii Galli de navigatione Columbi per inaccessum antea Oceanum commentariolus ap. Muratori scriptt. XXIII, 301. Vgl. Harrisse, a a. O. I, 78.

[4] Ich bemerke, dass ein Matteo Senarega, vielleicht ein Enkel des Geschichtsschreibers, die Verfassung der Stadt Genua von 1576 redigirte. Muratori annali VI 767.

hat, nur seinem ‚Volke genügen, nichts als die Wahrheit' [1] im
Auge haben wollte, erklärt, über Columbus nur mittheilen zu
wollen, was er bei Gallo gefunden habe — nach seinen Worten:
quae a certo auctore cognovi —, und Senarega kann Columbus'
schreibfertigem Sohne kaum entgangen sein. Dennoch ergiesst
er, wie oben bemerkt wurde,[2] in einem seiner nachträglich hinzu-
gefügten Capitel (2) seinen vollen Zorn gegen den erst nach
Gallo und Senarega schreibenden Giustiniani, der wie im Psalterium [3] so in den Annalen hier auch wegen der von ihm er-
langten grossen Position Columbus sehr berühmt und nur den
für die Nachkommen des Emporgekommenen beleidigend schei-
nenden Vorwurf gegen ihn erhebt, er sei aus Armuthsverhält-
nissen zu einem grossen Herrn geworden.[4]

Dass der Sohn gern an die vornehme Verwandtschaft des
Vaters glaubte, wird sich so wenig bestreiten lassen, als sich
beweisen lässt, Columbus habe seinen Kindern Derartiges direct
erzählt und dieselben hätten es nicht vielmehr von anderen ge-
täuschten Personen erfahren.

Hier gewinnt nun der Briefauszug [5] besonderes Interesse,
den man freilich nicht mit D'Avezac seinem Inhalte nach für
ernst nehmen und als Ausgangspunkt für Verwandtschafts-
beweise benutzen wollen darf. In sichtlich gutem Glauben, weil

---

[1] . . . populo satisfacere . . . non curans quicquam praeter veritatem dicere.
Muratori script. XXIV, 534. Muratori äussert sich in diesem Bande
sehr ansprechend über den Reichthum Genuas an gleichzeitigen Ge-
schichtschreibern (p. 511) und über das üble Handschriftenmaterial (p. 1).

[2] Vgl. S. 646 und 639, Anm. 6.

[3] Vgl. oben S. 647, Anm. 2.

[4] — egli di poveretto si e fatto gran signore. Giustiniani Annali car.
249ª. Im Uebrigen verweist er hier freilich auch auf sein Psalterium,
gegen das die Historie wesentlich polemisiren. In sichtlichem Anschlusse
an Gallo und Senarega über Herkunft und Jugend (vgl. unten S. 662,
Anm. 2) heisst es hier (p. 250): Columbus, patria Genuensis, vilibus
ortus parentibus . . . qui sua industria plus terrarum et pelagi ex-
ploraverit, paucis mensibus, quam paene reliqui omnes mortales universi
retro actis seculis (was mit dem oben S. 647, Anm. 2 erwähnten Schluss-
satze doch Lob genug ist). . . . Hic puerilibus annis vix prima elementa
edoctus pubescens iam rei maritimae operam (p. 251) dedit, dein pro-
fecto in Lusitaniam fratre cet. Das Nächste durchaus nach Gallo und
Senarega.

[5] Historie fol. 6 ᵇ.

sonst ganz zwecklos, eben um seine Beweise von Columbus' vornehmer Abkunft definitiv zu begründen, führt der Verfasser der Historie an, er wolle dies Capitel mit einer Aeusserung schliessen, die sich in einem Briefe des Admirals an die Hofmeisterin (nutrice) des Kronprinzen Johann von Castilien finde: ‚mit folgenden Worten: „ich bin nicht der erste Admiral meiner Familie. Mögen sie mir nur einen Titel geben, welchen sie wollen!' Am Ende war auch David, der weiseste König, Viehhirt, und ich bin Knecht desselben Herrn, der ihn zu solcher Stellung brachte".‘ Ich will gleich bemerken,[2] dass das Fragment sich nicht bei Las Casas findet, der wohl mit Recht in dem Citate keineswegs eine brauchbare Stütze für die Behauptung illustrer Familienbeziehungen sah und auch den seltsamen Vergleich mit König David anstössig finden mochte. Für Columbus aber, der ein ganzes Buch von Prophezeiungen zusammengeschrieben hat, der so oft und inmitten ganz anderer Gegenstände religiöse Dinge berührt, der sich den richtigen und reinen Eindruck der Entdeckung des Festlandes von Südamerika durch Deutung biblischer Paradiesvorstellungen getrübt hat — für Columbus ist das Brieffragment schon an sich ein charakteristisches Zeugniss.

Mit diesen Erfindungen stimmen aber einige andere, welche man, ehe Las Casas' Hauptwerk bekannt war, durch Conjecturen zur Wahrheit gestalten zu können hoffte.

Besonders auffallend ist in dieser Beziehung sein angebliches Studium in Pavia. Man hat längst bemerkt, dass er an der dortigen Universität am wenigsten für Mathematik und Astronomie, soweit solche für ihn in seinem späteren Leben in Betracht kamen, Vortheil hätte ziehen können. Wie vorzüglich

---

[1] Mettaomi pure il nome che vorranno.

[2] Was sich sonst über die Echtheit des Fragmentes sagen lässt, bringen Peragallo p. 46, D'Avezac, Bull. géogr. 1873, VI, 486. Seltsam genug hat Harrisse wiederholt (besonders Bull. géogr. 1874, VIII, 508) das nichtige Argument geltend gemacht, die Phrase entspreche nicht dem Tone des Verkehrs zwischen Beiden in dem Briefe von Ende 1500 (Navarrete I, 265—276) — falls die hier angeredete Doña Juana de la Torre wirklich identisch mit der in dem Fragmente angeredeten Dame ist, was Harrisse selbst mit Recht (a. a. O. 509) für zweifelhaft hält. Aber der erhaltene Brief ist in der furchtbaren Bedrängniss geschrieben, in der sich Columbus, nach seiner Rückkehr in Ketten, vor der Königin zu rehabilitiren suchte.

gerade in Genua für exacte Wissenschaft gesorgt war, ist neuerlich hervorgehoben und durch Auffindung einer Urkunde festgestellt worden,[1] wie gut mindestens in der zweiten Hälfte des 15. Jahrhunderts die dortige Weberzunft für den Schulunterricht ihrer Knaben sorgte. Es kommt dazu auch sehr in Betracht, dass ein so vollgiltiger Zeuge wie Antonio Gallo[2] von Christof und dem nachweislich viel gelehrteren Bartholomäus Columbus versichert, sie hätten als Knaben nur einen mangelhaften Unterricht erhalten und seien — auf welche viel zu wenig beachtete Aeusserung wir noch zurückkommen — als Jünglinge nach genuesischer Weise auf die See gegangen. Da hat man denn längst einen Schreib- oder Druckfehler in den Historien vermuthet und für ‚Pavia‘ die Heimat ‚patria‘ lesen wollen.[3] Aber mit den Historie stimmt nun auch Las Casas.[4]

Ich denke aber, dass es genau so wie mit den bisher betrachteten, nur in seines Sohnes Werk uns überlieferten Angaben mit der auf das Beste bezeugten von seiner eigenen Hand steht, dass er vergeblich ‚vierzehn Jahre‘ lang einem ‚mehr als irgend ein anderer auf Entdeckungen begieriger‘ Könige von Portugal, der aber hierin ganz verblendet gewesen sei, sein Project der Weltfahrt vorgelegt habe.[5] Es kann, wie schon so oft bemerkt wurde, nicht Alfons V. gemeint sein, der am 28. August 1481 starb, da Columbus bis in den August 1473 in Savona lebte. Es kann ebensowenig dessen Sohn Johann II. sein — selbst wenn man den vorübergehenden Besitz der Königswürde desselben im November 1478 oder eine erste Abdication des Vaters

---

[1] Für dies Alles: Harrisse, Christ. Colomb I, 243 f.; über die Schule von Santo Stefano 247.

[2] Hi siquidem intra pueriles annos parvis literis imbuti et puberes deinde facti de more gentis (nostrae fügt die unzweifelhaft richtige Version bei Senarega l. l. 535 hinzu) in navigationes exiverunt. Galli Commentariolus 301.

[3] Wohl zuletzt noch: Sophus Ruge, a. a. O. 220.

[4] — studio in Pavia tanto, che gli bastava per intendere i Cosmografi alla cui lettione fu molto affettionato. Historie c. 2, fol. 7 verso. — estudió in Pavia los primos rudimentos de las letras. Las Casas l. I, c. 3 (t. LXII, p. 46).

[5] Zuerst aus Las Casas bei Navarrete I, p. LXXIX undatirt, mit dem ganzen Briefe an Ferdinand den Katholischen vom Mai 1505, in welchem der Satz enthalten ist, ebendas. III, 528.

zu seinen Gunsten vom April 1475 gelten lassen will — da
Columbus schon zu Ende des Jahres 1484 oder Anfangs 1485
Portugal verliess.[1]   Auch die Auskunft D'Avezac's,[2] einen
Copistenfehler anzunehmen und ,vierzehn Monate' zu lesen, wo
dann Alles auf das Beste stimme, verbietet sich durch die That-
sache, dass Las Casas sagt,[3] er habe den Brief von Columbus'
Hand geschrieben gesehen, indem er den betreffenden Satz als
Argument gegen übrigens ganz verständige Behauptungen in
Barros' Asia verwendet und dann bei Mittheilung des ganzen
Briefes in einem späteren Theile seines Werkes[4] denselben Satz
mit derselben Zahl von vierzehn Jahren wiederbringt.

So mag man denn dem Sohne des Entdeckers, dem Verfasser der Historie, gar manche Unglaublichkeit zugutehalten.

2. Dienst bei König René.

Die neueste Forschung, D'Avezac[5] und Peragallo[6] wieder
ausgenommen, scheint, obwohl die Thatsache in einem Briefe
des Entdeckers gemeldet ist, einstimmig in der Verwerfung der
Nachricht zu sein, dass Columbus vom Könige René nach Tunis
geschickt worden sei, um ,die Galeazze Fernandina' zu nehmen.

Bei der Insel San Pietro ,in Sardinien', d. h. an dessen Süd-
westküste, will Columbus von einem andern Schiffe erfahren haben[7]

---

[1] Harrisse, Christ. Colomb I, 261 f.

[2] Canevas chronologique. Bull. géogr. IV, 43.

[3] . . . dice Christóbal Colon en una carta al roy D. Fernando, que yo
vide escrita de su mano. l. I, c. 28, t. LXII, p. 219.

[4] l. II, c. 37, t. LXIV, p. 188.

[5] Bull. géogr. 1873, VI, 387 f. — wo der Druckfehler Cartagena der
Historie fol. 8ᵇ richtig in das (bei Las Casas p. 48 bestätigte) Cartagine
verbessert ist — und 495 f.

[6] p. 85—91 mit der für die ganze Frage sehr erheblichen Hinweisung
auf den Frieden René's von 1479 mit Aragonien.

[7] ,Me dijo una saetia' in der Originalfassung bei Las Casas l. I, c. 3,
t. LXII, p. 48. Ulloa hat nur: mi fu detto (Historie c. 3, fol. 8ᵇ), weil
das Wort vielleicht im Italienischen nicht für die gleiche Gattung von
Fahrzeugen verwendet wurde. Harrisse (Christ. Colomb I, 112) sagt über
die Uebereinstimmung der beiden Texte auch in diesem Falle ent-
schieden zu viel, wenn er behauptet, die Historie stimmen zu genau,
sans qu'un mot soit retranché ou s'y trouve ajouté. Seltsam genug
hat er dann bei Besprechung der Renéfrage (I, 254 f.) Las Casas gar
nicht erwähnt.

dass mit genannter Galeazze noch zwei Schiffe und ein Lasten-
fahrzeug (carraca) segelten; hierauf ‚wurden die Leute, die mit
mir gingen, unruhig und beschlossen, die Reise nicht fortzu-
setzen, ausser um nach Marseille zurückzukehren um ein anderes
Schiff und mehr Leute‘.[1] Er habe ihnen scheinbar willfahrt,
aber ‚der Rose über der Nadel die entgegengesetzte Richtung
gegeben,[2] habe die Segel, da es Nacht wurde, aufgespannt, und
am anderen Tage bei Sonnenaufgang hatten wir das Cap von
Cartagina vor uns,[3] während jene sämmtlich als sicher annahmen, dass wir nach Marseille gingen‘. Ich fasse hiebei
Columbus' betreffende Worte, wie hoffentlich nach spanischem
Seegebrauche zulässig, als genau erwogen auf: ‚wir hatten
das Cap von Cartagina in Sicht‘, also keineswegs erreicht.

Der Name kehrt auf der Karte wieder, welche für die hier
in Betracht kommende Zeit als die getreueste Wiedergabe der
besten Portulane des Mittelmeeres gelten kann, auf der 1459
vollendeten Weltkarte Fra Mauro's, welche (1881) in verkleinerter
und verdeutlichender Nachbildung Heinrich Kiepert für Ruge's
Geschichte des Zeitalters der Entdeckungen (zu S. 80) geliefert
hat. Hier steht Cartagina etwa auf der Stätte von Biserta —
südlich etwa von Cap Bianco —, und Columbus kann nicht wohl
ein östlicheres, vielleicht aber ein etwas westlicheres Vorgebirge

---

[1] — se alteró la gente que iba (Historia: ora) conmigo y determinaron
de no seguir el viaje, salvo (Historia: deliberarono di non passar più
inanzi, ma) de se volver á Marsella por otro nao y más gente. Las
Casas l. l.

[2] Mudando el cabo del aguja — ganz correct den von mir wiederholten
Worten entsprechend, welche Breusing (Kettler, Zeitschrift für wissen-
schaftliche Geographie, Jahr 1881, II, 185), ohne Las Casas zu erwähnen,
in diesem Falle anwendet, während alle Neueren ausser Sophus Ruge
(Geschichte des Zeitalters der Entdeckungen 322), der zuerst Arthur
Breusing's in ihrer Art bewunderungswürdige Arbeit verwerthet hat,
den Irrthum Ulloa's theilen: mutando la punta del bussolo — als ob
er der Nadel habe eine andere Richtung geben können: tournant
l'aiguille de la boussole, sagt Harrisse, Christ. Colomb I, 254. wie
schon Bull. géogr. V, 390.

[3] di la vela al tempo che anocheciá y otro dia al salir del sol está-
bamos dentro del cabo de Carthagine. Las Casas l. l. Ulloa hat:
dentro al capo di Cartaglua (Cartagena mit D'Avezac, vgl. oben S. 663,
Anm. 5) als Druckfehler genommen.

gemeint haben, wie ja auch das zunächst westlich gelegene
Fürstenthum von Bona von einem Sohne des Emir von Tunis be-
herrscht wurde,[1] der in dem Gebiete des alten Karthago regierte.

Mit dieser Thatsache erledigt sich nun aber auch eine
Hauptschwierigkeit, welche von dem für solche Fragen com-
petentesten Forscher geltend gemacht worden ist. Denn die
Arbeit, welche im Jahre 1873 D'Avezac[2] dem Eifer ‚der seltenen
Adepten‘ empfahl, ‚welche es nicht verschmähen, ihr Wissen
auf das Studium der veralteten Instrumente und Beobachtungs-
weisen des 15. Jahrhunderts‘ zur Bestimmung der Fahrten-
richtungen auf der See anzuwenden, ist von Breusing[3] im Jahre
1881 dem lesenden Publicum vorgelegt worden, soweit sich dasselbe für die historische Seite der Geographie interessirt.

Da hat sich nun freilich gezeigt, dass alle die herkömmlichen Annahmen über die wahrhaften Grundlagen der Portulane und die über die frühen Anwendungen der Magnetnadel,
auch von des unvergesslichen Oskar Peschel Seite, auf gänz-
licher Verkennung der praktischen Bedingungen der Seefahrt
ruhen. Es ist nun festgestellt, dass die Seeleute des 15. Jahrhunderts für Fahrtenrichtung und Anfertigung von Seekarten
nach ganz anderen, wirksamen, für unser Verständniss nicht
eben einfachen, aber im Mittelmeer eingebürgerten Regeln ver-
fuhren. Es verdient doch hier angeführt zu werden, dass derselbe Gelehrte, dem wir diese wichtige Aufklärung verdanken,
auch die Freunde homerischer Poesie ganz neuerlich mit so über-
raschenden und sachkundigen Ausführungen über Seeschilderun-
gen in den ältesten griechischen Epen erfreut hat.[4]

---

[1] A. Lecoy de la Marche, Le roi René (Paris, 1875), I, 481 f. De Mas-Latrie
(Traités de paix et de commerce ... des Chrétiens avec les Arabes de
l'Afrique septentrionale au moyen-Age, Paris, 1866) Text S. 103 meint
mindestens für etwa 1482 die Sache nicht versichern zu können: le
prince ... est sans doute Abdallah Mohammed El-Meçaoud, fils ainé
et successeur désigné d'Abou-Omar-Otman, roi de Tunis, der übrigens
vor dem Vater gestorben sei.

[2] Bull. géogr. 1873, VI, 492.

[3] Zur Geschichte der Kartographie: La toleta de Marteloio und die loxo-
dromischen Karten in Kettler's Zeitschrift (oben S. 664, Anm. 2) II, 129
bis 133, 180—195.

[4] Nautisches zu Homeros, Jahrbücher für classische Philologie 1885, S. 81
bis 102, 1886, S. 81 bis 92.

Eben Arthur Breusing[1] geht bei der Prüfung unserer Frage
mit dem herkömmlichen Vorurtheile von der Unechtheit der
Historie zu Werke; aber er prüft doch jede einzelne Nachricht
mit der Sorgsamkeit des praktischen Fachmannes. Unter dem
Cap von Cartagina versteht er das so viel weiter östlich bei
den Ruinen der Stadt gelegene Cap von Karthago. Bis zu
diesem habe Columbus' Schiff binnen ungefähr zwölf Nacht-
stunden 180 Seemeilen von der Insel San Pietro aus zurück-
legen, also ‚fünfzehn Knoten laufen müssen, eine Geschwindig-
keit, die nicht unmöglich, aber höchst unwahrscheinlich ist'.
Ich denke, die Unwahrscheinlichkeit vermindert sich erheblich
mit der doppelten Verkürzung des Zieles, wenn eben das Schiff
nur in Sicht von Cap Bianco kam.[2]

Die grösste Schwierigkeit der Erzählung sieht aber Breusing in einem andern Umstande. ‚Columbus hätte die Mannschaft auch über die Richtung des Windes täuschen und ihnen
erklären müssen, wie es möglich sei, dass der Wind plötzlich
aus der gerade entgegengesetzten Richtung wehe, ohne dass
Jemand von diesem Umsprunge etwas bemerkt hätte. Das
konnte er aber nicht; denn auf nichts wird an Bord so genau
Acht gegeben als auf die Richtung des Windes, und schon aus
der Vergleichung der Windrichtung mit dem herrschenden See-
gange, d. h. der Richtung der Wellenbewegung, hätte sich die
Täuschung ergeben.' Für die ganze Erzählung hatte Breusing
doch erklärt, man müsse ‚voraussetzen, dass die Nacht stock-
finster und kein Stern zu sehen gewesen ist, das ist ja zulässig'.

Bei aller Achtung vor der besseren Kunde des Fachmannes
müssen mit der angenommenen Dunkelheit der Nacht und den
mir nicht bekannten Bedingungen der Seefahrt an der Insel
San Pietro doch wohl auch die Gewohnheiten der gemeinen
Seeleute in Bezug auf den Compass im 15. Jahrhundert erwogen
werden. Vor Allem aber müssen die Bedingungen der Disciplin
auf dem von Columbus, wie er ja ausdrücklich sagt, mit vollen

---

[1] A. a. O. 186.
[2] Ueber die Lage von Utica und Karthago war man übrigens in Europa
vor Karls V. Zug gegen Tunis, vielleicht auch in Folge der früheren
spanischen Herrschaft über das Land von 1509 an, auf das Beste unterrichtet. G. Voigt (Ueber den Zug Karls V. gegen Tunis, Abhandlungen
der sächsischen Gesellschaft der Wissenschaften 1874, VI) 187.

Befugnissen commandirten Schiffe in Betracht gezogen werden, das sich uns als ein einfacher genuesischer Kaper enthüllen wird: ‚Da ich sah, dass ich nicht ohne einige Kunst ihren (der Mannschaft) Willen bezwingen konnte, bewilligte ich ihr Verlangen, nach Marseille zurückzukehren, änderte die Rose u. s. w.‘[1]

Die Verwunderung über die Richtung der Fahrt nach Tunis hätte nie geäussert werden sollen. Auch hier ist D'Avezac[2] mit einiger Erwägung der dortigen Regierungsverhältnisse und der staatlichen Beziehungen mindestens zu der genuesischen Republik rühmlich auf den richtigen Weg gelangt, den Peragallo[3] nach anderer Seite weiter beschritten hat, ohne freilich von den für Tunis entscheidenden neueren Untersuchungen Notiz zu nehmen.

Es ist nur bedauerlich, dass ein Forscher von Harrisse's Bedeutung beharrlich unter Verwendung ganz veralteter Materiales stets nur von den Kriegen René's bis zum Aufstande der Genuesen im ‚Juli‘ — vielmehr März — 1461[1] wissen will. ‚Nach diesem habe der ehrwürdige Greis‘ — er zählte damals als am 16. Januar 1409 geboren 52 Jahre — ‚sich bis zum Tode in die Zurückgezogenheit‘ begeben, aus der er doch schwerlich sich zu Versuchen an Secunternehmungen veranlasst gefunden haben werde, ‚von denen weder Historien noch Chroniken die geringste Spur zeigen‘.[5] Harrisse will hier die Unmöglichkeit ableiten, dass Columbus, dessen Geburt gerade er selbst in musterhafter Weise nach Mai 1446 und vor November 1447 bestimmt hat,[6] unter René gedient haben könne. Subsidiär lässt er dabei noch die Möglichkeit von Kämpfen für Columbus zu,

---

[1] Yo, visto que no podiá sin algun arte forzar su voluntad, otorgué su demanda etc. Las Casas a. a. O.

[2] Bull. géogr. 1873, VI, 495. Ausgehend von Spotorno's Behauptung, dass Columbus' Fahrt in das Jahr 1473 gehöre, citirt er aus Giustiniani's Chronik (fol. 226 verso) die Sendung Benedetto Fieschi's nach Tunis im Jahre 1474, und er erinnert, dass Tunis vom 6. September 1435 bis zum 6. September 1488 von Abu-Omar-Otman (vgl. oben S. 665, Anm. 1) regiert wurde. Nach Mas-Latrie (Traités, Text 103) regierte dieser nur 52 Jahre und starb 1487.

[3] L'autenticità delle historie 92 f.

[4] Vgl. unten S. 671, Anm. 1.

[5] Ibid. 257.

[6] Christ. Colomb I, 238.

so lange die Söhne und ein Enkel René's bis 1473 lebten, um auch diese Möglichkeit mit einem doppelten Einwande zu zerstören. In den mehrerwähnten Savoneser Urkunden erscheine ja Columbus eben bis zum 7. August 1473 noch als dort friedlich anwesend, und es dürfte doch ohnehin aller Wahrscheinlichkeit widersprechen, dass man mit Hintansetzung aller Vorurtheile den armen Webergesellen, Spross einer Handwerkerfamilie, zum ‚königlichen Schiffscapitän' oder ‚Galeerencommandanten' ernannt habe; es sei ein Widerspruch gegen alle historischen Thatsachen in der Erzählung.[1] Zweimal, im Wesentlichen übereinstimmend, hat er diese Argumente vorgetragen.[2] Ich denke, mich der Polemik, vollends nach Peragallo's Bekämpfung von verschiedenen Seiten der Harrisse'schen Beweisführungen, in den folgenden Ausführungen entschlagen zu dürfen.

Es liegt eine lange Reihe von Verträgen vor, welche christliche Mittelmeerstaaten im 15. Jahrhundert mit den Beherrschern von Tunis und den meist mit dem damals reichen und mächtigen Tunis verbundenen Staaten von Bona und Bugia[3] geschlossen haben. Dieselben sind immer auf eine bestimmte Reihe von Jahren für Frieden und Handel giltig. In der für unsere Frage in Betracht kommenden Zeit liefen solche mit Florenz auf einunddreissig Jahre seit dem 28. April 1445, mit Venedig auf dreissig Jahre seit dem 9. October 1456; mit Genua fand eine Erneuerung zweier seit 1433 geschlossener Verträge durch den auf dreissig Jahre gehenden vom 15. März 1465 statt. Auf Grund des Letztern konnte jeder Genuese, selbstverständlich daher auch Columbus, seine Waaren[5] mit den üblichen

---

[1] Cet exploit qui cadre si mal avec toutes nos données historiques. Harrisse a. a. O. 255.

[2] A. a. O. 251—259 und schon 1873 und 1874 Bull. géogr. V, 389—392; VIII, 219—223 in der Hauptsache und in den meisten Wendungen.

[3] M. L. de Mas-Latrie, Traités de paix. Introduction S. 169 f.

[4] A. a. O. Text 151, 255, 355. Ueber die Unzuverlässigkeit der nicht arabischen Texte — und hier sind die arabischen nicht mehr erhalten — sowie über die auffallende Thatsache, dass die Referate über die Verträge genauer als die lateinischen oder romanischen Originalausfertigungen sind: vgl. a. a. O. Introduction S. 290 f., 308 f.

[5] Item de pannis et ceteris aliis mercibus, quae venduntur per mercatores cuivis Saraceno, non possint ipsas restituere pro aliquo respectu, postquam consignate fuerint. A. a. O. Text 151.

Zöllen verkaufen. Ob sie durch Kaperei oder ehrlich gewonnen waren, brauchte, so viel ich sehe, nach den Verträgen nicht angegeben zu werden, vorausgesetzt natürlich, dass die Prise nicht nachweislich von einer Tunis befreundeten Flagge stammte. Originalverträge der gleichen Art mit König René scheinen sich nicht erhalten zu haben.[1] Es will doch nicht viel bedeuten, dass vor hundert Jahren Papon in der Allgemeinen Geschichte der Provence[2] nach einer Pariser Handschrift einen Vertrag mit dem Emir von Bona erwähnt, in welchem die beiderseitigen Unterthanen für ihre Schifffahrt Sicherheit erhielten, ohne dass man über Zeit, Dauer und Bedingungen des Vertrages etwas Näheres erführe. Vergeblich habe ich in den Schriften des sorgfältigen Forschers über den in seiner Art einzigen Fürsten, des Herrn Lecoy de la Marche, namentlich auch in den publicirten Ausgabebüchern und Memorialien des Königs,[3] eine ganz genügende Nachricht gesucht. Was er selbst in seiner actenmässigen Geschichte desselben[4] beibringt, geht zunächst auf zwei Urkunden René's zurück,[5] nach welchen in dem Jahre 1470 Gefangene von den Beherrschern von Bugia und Tunis ausgelöst werden; in dem ersten Falle soll es durch den Bruder eines Gefangenen, René's Generalgouverneur von Catalonien, geschehen und mit der ausdrücklichen Bemerkung, dass der

---

[1] A. Lecoy de la Marche, Le roi René (1875) I, 480: Le roi de Sicile (René) entretenait surtout des rapports suivis avec Bône, Tunis et Bougie. Ces deux dernières villes étaient depuis longtemps unies par des traités de commerce avec les ports provençaux etc.

[2] t. III, 1784, p. 384: Il fit un traité avec le roi de Bône en Afrique pour établir la sureté de la navigation entre leurs sujets respectifs.

[3] A Lecoy de la Marche, Extraits des comptes et mémoriaux du roi René pour servir à l'histoire des arts au XVe siècle. Paris, 1873. Eine Ergänzung bildet desselben Gelehrten Abhandlung: Le roi René et ses travaux artistiques, in der Revue des questions historiques, t. XV. Paris, 1874.

[4] Vgl. oben Anm. 1. Aber das allgemeine Citat von De Mas-Latrie, Traités und seiner Abhandlung in der Bibliothèque de l'école des chartes, IIe sér., II (1840) war überflüssig; es handelt sich nur um den noch von mir zu besprechenden Brief Ludwigs XI., den Mas-Latrie damals (p. 396) irrig auf Ende 1480, in seinem Hauptwerke Text 103 f. richtig auf etwa 1482 bestimmte.

[5] Lecoy de la Marche II, 337 und 341, n. 68 und 72.

Gefangene übel behandelt werde;[1] nach dem anderen Acten-
stücke hat René durch zwei Gesandte ein Schreiben an den
Beherrscher von Tunis überbringen lassen und das Lösegeld
für den Gefangenen, einen Geistlichen aus Sardinien, bezahlt,
aber wohl bemerkt: die Gesandtschaft geht, wie es scheint,
sammt dem Gefangenen auf einem Genuesischen Schiffe.[2] Im
Jahre 1471 erhalten dann auf eine Empfehlung René's zwei
Diener oder Gesandte desselben die Erlaubniss, das Land Tunis
zu bereisen. Als König Ludwig XI. nach dem am 12. December 1481 erfolgten Tode Karls III., des letzten Sohnes König
René's, der seinerseits am 10. Juli 1480 gestorben war, die ihm
durch Erbschaft zugefallene Regierung der Provence übernahm,
richtete er an die Beherrscher von Tunis und Bona Briefe; in
diesen Schreiben sprach er den Wunsch aus, die freundlichen
Beziehungen in Bezug auf die beiderseitigen, Handel treibenden
Unterthanen zu erhalten und zu steigern, wie sie zu Zeiten
seines Oheims, des Königs von Sicilien (René), bestanden hätten;[3]
von eigentlichen Verträgen jenseits dieser factisch freundlichen
Beziehungen ist dabei doch nicht die Rede.

Zunächst ist nunmehr die Frage zu erörtern, wie weit
Genuesen in René's Dienst vermuthet werden dürfen, und zwar
in einer Zeit, da Columbus zu voller Mündigkeit gelangt war,
also etwa seit dem Jahre 1472.[4]

---

[1] — jam multos annos captivus apud Bogie partes detinetur et inhumane,
ut accepimus, tractatus.

[2] — quem (den gelösten Gefangenen) in navi quadam Gennensi intra
ipsum portum tenebant (sc. familiares nostri) ..., quos superiori anno
ad regem Tunisii miseramus, quique a rege prefato nostro intuitu eis
datus fuerat pro duplis aureis Mauretanis quingentis, p. 251. Möglich bleibt
freilich, dass, als die Gesandten in Genua landeten, sie ein zweites, eben
das genuesische Schiff gehabt hätten; doch ist das nicht wahrscheinlich.
Da der Brief vom 19. Februar 1471 datirt ist, gehört die Gesandtschaft
in das Jahr 1470; mense Augusti, wie der Brief sagt, kehrten sie zurück.

[3] De Mas-Latrie, Text 103—105: lateinisch und französisch an den König
von Bona, mit Erwähnung eines gleichzeitig an seinen Vater, den König
von Tunis abgehenden Briefes ähnlichen Inhaltes, der nach des Heraus-
gebers Bemerkung auch erhalten ist, vermuthlich aber nur dem ersten
Theile des Briefes an den Sohn entspricht, da dessen zweiter Theil
eine specielle Beschwerde betrifft.

[4] Ueber seine schon von Muñoz und D'Avezac auf das Jahr 1446 gesetzte,
nun von Harrisse genauer bestimmte Geburtszeit vgl. oben S. 667, Anm. 6.

In einer am 9. März[1] des Jahres 1461 begonnenen plötz-
lichen glücklichen Erhebung der Bevölkerung von Genua gegen
die im Mai 1458 durch die Fraction der Fregosi geschehene
Anerkennung der Oberherrlichkeit des Königs von Frankreich
hatte dessen Herrschaft ihr Ende erreicht. Die Erhebung erfolgte bei Gelegenheit einer willkürlichen Auflage zur Bezahlung
der französischen Besatzung.[2] Am 19. März 1461 meldeten zwei
Getreue des Hauses Doria dem Könige Karl VII. den Verlust
der Stadt, aber auch, dass Savona sich noch in seinem Gehor-
sam behaupte.[3] Eben von hier aus machte König René — den
gerade die ihm damals verbundenen Genuesen im Jahre 1439
verhindert hatten, sich zu rechter Zeit mit König Alfons V. von
Aragonien wegen Neapel's zu vertragen — einen Versuch, Genua
wieder zu gewinnen, der am 17. Juli 1461 blutig abgewehrt
wurde.[4]

Aber es ist die reine Selbsttäuschung, wenn aus dieser
Erhebung und René's Abwehr geschlossen worden ist, es sei
nun eine bittere Feindschaft zwischen dem Beherrscher der
Provence und der Republik Genua entstanden. Eben bei An-
lass jener Beziehungen René's zum Beherrscher von Tunis im
Jahre 1470 kam es zu einer kleinen Differenz, welche das freund-
liche Verhältniss erkennen lässt, das sich längst wieder zwischen
Beiden gebildet hatte. Ein durch René losgekaufter sardinischer
Priester wurde, wie es scheint, weil das Schiff der Gesandt-

[1] Giustiniani (1537) fol. 215ᵇ und gar Foglieta (Historia Genuensium 1585,
fol. 236ᵇ sq.) sollte man doch nicht für die chronologische Frage ins
Gefecht führen, die auch bei Lecoy de la Marche (Le roi René I, 327 f.)
nicht richtig behandelt ist. Die Nachricht der Erhebung vom 9. März
kam am 14. März 1461 nach Bologna (Bartholomeo della Pugliola ap.
Muratori scriptt. XVIII, 734). Denselben Tag gibt Quicherat in seiner
Ausgabe Thomas Basin's (1859), t. I, p. 308.
[2] Basin, Historiarum Caroli VII, lib. V, c. 20, t. I, p. 307: Vectigal quod-
dam seu tributum ad stipendia ipsis facienda militibus in civitate et
adjacente patria colligendum a civibus. Basin, geboren 1412, war seit
1447 Bischof von Lisieux, worauf er ,sa chère Normandie' nicht wieder
längere Zeit verliess (Quicherat I, p. XII); aber früher war er mindestens
dreimal in Italien und aufs Beste auch für 1461 unterrichtet.
[3] Savona se tene per la maestá vostra . . . a la quale tutta la bonna
gente de la città humiliter se a recommandato et aptissime. Ibid. IV, 361.
[4] Basin, a. a. O. p. 309, sonst Lecoy de la Marche, Roi René I, 184. Einiges
mir sonst nicht bekannt Scheinendes hat hier doch Foglieta 237 recto.

schaft ein genuesisches war, nach der Landung in Genua zurückgehalten. Da schreibt der König seinem dortigen Consul Raphael
Torilla am 19. Februar 1471, er solle die Freilassung des Mannes
bewirken, ,gemäss der alten Freundschaft, welche wir mit den
Genuesen haben'.[1] Bei dem Anfangs 1474 geschlossenen Frieden
mit Aragonien, der uns noch beschäftigen wird, sicherte René
ganz besonders den Handel der Genuesen.

Im Jahre 1472 eröffnete René zunächst für ein Jahr Hafen
und Stadt Marseille den Kauffahrern aller Nationen und Reli-
gionen zu freiem Eintritte und Handel.[2] Dort fanden sich denn
unter so vielen Anderen auch die Genuesen ein, wie der acten-
kundige Herr Lecoy de la Marche versichert.[3]

Ganz besonders darf man die Benutzung der trefflichen
Gelegenheit zu gewinnbringender Thätigkeit von den Bewohnern
Savona's erwarten, welche am längsten der französischen Sache
treu geblieben waren[4] und ohnehin in einer Art von ewigem
Bündnisse mit Genua standen. Denn es geht -- was sich freilich
an Ort und Stelle noch in erwünschte Einzelheiten verfolgen
lassen wird — aus einer im Jahre 1503 veranstalteten kleinen
Sammlung der Verträge Savonas mit Genua von 1251 bis 1471
hervor,[5] dass sich die freilich der Hoheit Genuas unterworfene
Stadt doch eines hohen Grades von Autonomie erfreute. Als
Herr Genuas und hiemit auch Savonas erscheint in dem letzten
Vertrage freilich der würdige Verbündete und Schwager Lud-
wig XI., Herzog Galeazzo Maria Sforza von Mailand. An dessen
Vater Franz Sforza hat der genannte französische König ,das

[1] — antiqua amicitia, quae nobis cum Genuensibus est. Lecoy de la
Marche, a. a. O. II, 342.
[2] Comte de Quatrebarbes, Oeuvres complètes du roi René (Paris, 1845 ap.
Dumoulin) I, p. CXXX.
[3] — le Génois, le Florentin, le Vénitien, le Catalan y coudoyaient le
Turc et l'Africain. A. a. O. I, 480.
[4] Basin II, 44.
[5] Conventiones existentes inter inclitam et excelsam communitatem Janne
ex una et magnificam communitatem Saonae ex altera, et quae sunt
inter eas observandae virtute ultimae sententiae inter eas latae, ut patet
intuenti (Bibl. Palat. Vindob. 29, P. 34). Die ultima sententia ist die
am 5. Januar 1471 ausgestellte, mit den Worten ,in sententia lata' be-
ginnende Urkunde.

rebellische Genua' und das gehorsame Savona¹ durch Urkunde²
vom 22. December 1463 und Investitur vom 7. Februar 1464
abgetreten.

In Savona aber lebte, wahrscheinlich seit 1469, urkundlich
am 2. März 1470, Columbus' Vater als ,Tuchweber und Gast-
wirth',³ er selbst war nachweislich längst in die Weberzunft als
Geselle eingetreten, aber nach Gallo's genauem, von Senarega
und Giustiniani wiederholtem Zeugnisse⁴ gleich dem jüngern
Bruder Bartholomäus ,der Weise unseres (genuesischen) Volkes
gemäss mit dem Eintritte in das Jünglingsalter auf See gegangen'.⁵ Er selbst bezeichnet ungefähr das Jahr 1460 in einem
Briefe an die Könige vom Jahre 1501⁶ und in seinem Tagebuche am 21. December 1492⁷ als den Anfangstermin seiner
Seefahrten — wie man sieht mit Recht. Das verhindert ja
nicht, dass er in der Zwischenzeit das Krämpler- und Weber-
geschäft betrieb oder notariell als Angehöriger der Zunft erschien, wie er noch am 20. März 1472 einem Kameraden, einem
anderen Webergesellen, im Testamente mit drei Schneidern,
zwei Tuchscherern und einem Hutmacher als Zeuge dient.⁸

---

¹ Januam rebellem et minime parentem, et Sagonam, quam tenebat, juri
ejusdem ducis cessit. Basin, Historia Ludovici XI, l. 1, c. 12 (t. II, p. 45
ed. Quicherat).

² Ordonnances des rois de France de la troisième race recueillis par . . .
Pastouret. Paris, 1814. t. XVI, p. 146.

³ textor pannorum et tabernarius. Harrisse, Christ. Colomb I, 194.

⁴ Vgl. oben S. 660, Anm. 4.

⁵ — puberes deinde facti ex more gentis nostrae in navigationes exiverunt.
Peragallo ʼ69 f. handelt über die Bedeutung von puberes facti oder
pubescens, wie es Giustiniani wendet, mit einigen Nachweisen aus römi-
schem Sprachgebrauche, den er für seine genuesischen Landsleute auch
im 15. Jahrhundert für zutreffend hält, also bei Knaben von 12 bis
14 Jahren.

⁶ Das Jahr nur in den Historie fol. 8 recto, der Brief bei Las Casas, der
ihn in Händen hatte, l. 1, c. 3, t. LXII, p. 47: De muy pequeña edad
entré la mar navegando y lo he continuado hasta hoy (der langen
Unterbrechungen gedenkt er hier und im Tagebuche nicht) . . . ya
pasan de cuarenta años, que yo voy en esto uso.

⁷ Viernes 21 Diciembre. . . . Yo he andado en la mar, sin salir dello
tiempo que se haya de contar. Navarrete, Coleccion I, 101. Schon die
Historie fol. 9ᵇ haben den Satz als Citat.

⁹ Harrisse, a. a. O. II, 419.

Dass er dem Könige René ein freundliches Andenken bewahrt, ist schon nach dem bisher Erörterten begreiflich. Ich erinnere mich nicht, dass er etwa mit Ausnahme der Königin Isabella der Katholischen, der er das wünscht,[1] von irgend einem andern Verstorbenen sagt, ‚den Gott bei sich hat‘:[2] der gegen Jedermann wohlwollende Fürst, der Gründer des Freihafens Marseille, ist der erste mächtige Mensch auf Erden gewesen, der Columbus' Talent verwendete. Von seinen damaligen Genossen spricht der Entdecker wohl als Leuten (gente), sagt aber, sie seien ‚mit‘ ihm (conmigo) gewesen und obwohl seinem Befehle untergeben, doch in der Lage, einen Beschluss zu fassen (determinaron).[3] Man erhält den Eindruck einer mehr freien, wenn auch unter strenger Disciplin stehenden Vereinigung zum Zwecke, jene Galeazze Fernandina zu nehmen und sei es mit dieser Beute, sei es ohne dieselbe, nach Tunis zu fahren. Mit wie viel grösserer Sicherheit Genuesen dort ihrem Handel obliegen konnten, als Provenzalen, ist früher erörtert worden.

Auch ohne weiteren Beweis würden wir anzunehmen haben, dass Columbus' Fahrzeug ein Kaperschiff gewesen ist.

Dass König René seinen Seeleuten überhaupt viel nachsah und sie auch bei schweren Vergehungen nicht leicht strafte, wird selbst von seinen Lobrednern zugestanden. Ein besonders schlimmer, durch seinen Namen gedeckter Fall wird wohl auf eine Täuschung[1] des betreffenden Piraten — um einmal das schlimmere Wort für das zartere der Kaperei zu gebrauchen — zurückgeführt. Das betreffende Actenstück lässt das aber doch schlechterdings nicht zu. Indem die Republik Florenz dem französischen Könige Ludwig XI. ihr Beileid über den Tod seines Vaters und ihre Freude über seine eigene Thron-

---

[1] In dem oben S. 662, Anm. 6 erwähnten Briefe von 1505 an König Ferdinand selbst: la Reyna que Dios haya — nicht tiene. Im letzten Testamente (19. Mai 1506) wird auch ‚la Reina‘ ohne diesen Beisatz erwähnt.

[2] — el Rey Reinel, que Dios tiene. Las Casas p. 48. Ulloa gibt das (Historie fol. 8ᵇ) mit: che Dio ha appresso di se, wieder und ich folge dieser Auffassung.

[3] Vgl. oben S. 664, Anm. 1.

[4] Lecoy de la Marche, Le roi René I, 530: il y avait là, sans doute, une supercherie.

besteigung ausspricht, beklagt sie sich bitterlich, dass ein im
Solde des Oheims des neuen Königs, eben König René's,
stehender Corsar[1] mitten im Frieden und trotz aller Verträge
ihre Handelsflotte plündere. Die Galeazze Fernandina aber hat
einer kriegführenden Macht angehört, da sich Columbus in einem
Briefe ,an das spanische Königspaar im Mai 1495 aus Hispaniola'[2]
einer Piraterie nicht hätte berühmen können.

Nun befand sich René mit zwei Königen von 1472 an in
Kriegszustand.

Noch dauerte formell seine Feindschaft mit Alfons' V.
natürlichem Sohne, dem Könige Ferdinand I. von Neapel, gegen
den René's Sohn, der Herzog Johann von Calabrien, den Kampf
geführt hatte und definitiv zu Anfang des Jahres 1464 aufgab.[3]
Im nächsten Jahre wurde der König von Neapel Ludwigs XI.
Verbündeter: ein gelungener französischer Angriff auf neapolitanische Schiffe an der galizischen Küste im Jahre 1472 führte
nur zu deren Rückgabe mit reichlicher Entschädigung.[4] Der
neapolitanische König hat, wenn auch vergeblich, im Jahre 1477
oder dem folgenden René's Anerkennung und einen Handels-
vertrag gegen grosse Geldentschädigung gesucht.[5] Von Feindseligkeiten gegen den durch des Königs von Frankreich mächtige
Hand[6] geschützten und damals durch keine Rebellion im Innern
bedrohten Neapolitaner konnte seit 1465 keine Rede mehr sein.
Man darf daher sagen, dass die Galeazze Fernandina,[4] der
Columbus nachstellen sollte, kein neapolitanisches Schiff gewesen ist.

Aber in wirklichem, ununterbrochenen Kriegszustande befand sich René seit dem Herbste, vor dem 17. November, 1466
gegen König Johann II. von Aragonien, indem er die von den

---

[1] — dolendoci delle ingiurie di Scariuei corsale, suo soldato etc. Des
jardins, Négociations entre la France et la Toscane (Collection de documents inédits sur l'histoire de France) 1859, I, 112.

[2] So bei Las Casas, a. a. O.

[3] Lecoy de la Marche I, 342.

[4] Harrisse, Christ. Colomb I, 257.

[5] Der Bericht seines Gesandten im Rathe der Pregadi zu Venedig bei
Lecoy de la Marche II, 382 hat das Datum 1er janvier 1478; aber im
Texte I, 423 heisst es, erst au mois de janvier seien Ferdinands An-
erbietungen an René gelangt.

[6] Lecoy de la Marche I, 422.

empörten Catalanen ihm angebotene Krone trotz Frankreichs
Bund mit Aragonien annahm. Nahe am Siege durch seinen
erwähnten kriegerischen Sohn Johann von Calabrien verlor er
zwar nach dessen Tode (16. December 1470)[1] die Hoffnung,
das angemasste Reich wirklich zu gewinnen. Jedoch auch als
Niemand mehr für ihn zu Lande auf spanischem Boden kämpfte,
setzte er den Krieg, wenn auch nur schwach, zur See fort. Erst
unmittelbar vor dem Tode des Königs Johann II. von Aragonien,
der in Barcelona am 20. Januar 1479 erfolgte,[2] am 19. Januar
1479, ward ein Stillstand zwischen den beiderseitigen Bevoll-
mächtigten in Barcelona unterzeichnet; aber der dreiundachtzig-
jährige König Johann II. wollte einige Bedingungen desselben
nicht genehmigen; namentlich verweigerte er René den Königstitel. Sein Sohn Ferdinand aber liess am 19. Februar 1479 die
Bestätigung des Tractates ‚seine erste Regierungshandlung‘[3] zu
Truxillo sein, wo er damals residirte. Er gab dem bei allen
Kunstfreunden so hoch berühmten Fürsten den Königstitel:[4]
man begreift, dass er sechzehn Jahre später Columbus’ offene
Pietät für seines einstigen Herrn ‚König Reynel’s‘ Andenken
nicht verübeln konnte.

Der Vertrag zwischen Ferdinand dem Katholischen und
René lautete auf zwanzig Jahre und bestimmte unter Anderm:
‚Während dieser Zeit sollen die Kaperbriefe, welche den Be-
treffenden zugebilligt worden sind, nicht in Wirksamkeit treten
und für diese Zeit suspendirt bleiben.‘[5] Die Genuesen erhielten
Antheil an dem für ihren Handel nach Catalonien wichtigen
Vertrage.[6] Die Genuesen mögen wohl vorher René ihre werth-

---

[1] Ebend. I, 368, 378. Die genauen Geburts- und Todestage der Nachkommen ebend. I, 433 f.

[2] W. Prescott, Ferdinand und Isabella (deutsche Uebersetzung, Leipzig,
1842) I, 219 mit einer Charakterschilderung von bleibendem Werthe.

[3] Lo primero, que se ordenó por el Rey de Aragon y Castilla despues
del fallecimiento del Rey su padre ... fue confirmar la tregua. Zurita
anales de la coroua de Aragon (Çaragoça 1610) IV, 303, l. 20, c. 29.

[4] — a quien el llamava Rey, lo que no hizo el Rey su padre. Ebend.

[5] Durante este tiempo no se avian de executar las marcas, que se avian
adjudicado a las partes e quedavan suspendidas por aquel tiempo.
Ebend.

[6] Nur diese Nachricht über die trève à longue échéance, die er als am
19 Januar 1479 abgeschlossen betrachtet, bringt Lecoy de la Marche

volle Mitwirkung im Seekriege gewährt und ihren guten Antheil an den Prisen der Kaper gehabt haben.

Columbus aber hatte sich nicht zu schämen, auch vor seinem
nunmehrigen Herrn, dem Könige Ferdinand dem Katholischen
zu bekennen, dass er im Dienste König René's einst mit einem
Kaperschiffe eine des damaligen Thronerben von Aragonien und
seit 1468[1] wirklichen Königs von Sicilien Namen tragende Galeazze
Fernandina bei einem Auftrage nach Tunis habe nehmen sollen.

Noch bleibt ein Wort über die Zeit des Unternehmens
zu sagen.

Es kann nicht wohl vor den 7. August 1473 gesetzt werden,
an welchem Tage Columbus noch als Zeuge in Savona bei dem
Hausverkaufe seiner Mutter erscheint,[2] ich denke aber auch
nicht viel später. Mit diesen Worten bringe ich vielleicht des
im Jahre 1844 verstorbenen genuesischen Urkundenforschers,
des Barnabiten Spotorno, Vermuthung auf dieses Jahr 1473 zu
Ehren,[3] immerhin mit Reservirung einer sogleich zu erörtern-
den weiteren Frist bis Ende des Jahres 1475.

Denn man wird doch voraussetzen müssen, dass der König
Johann II. von Aragonien und sein Sohn Ferdinand von Sicilien
nicht im Frieden mit dem Beherrscher von Tunis waren, als
René's Auftrag erfolgte. Der Stillstand mit dem Könige Ferdinand von Sicilien[4] ist aber erst im December 1473 erfolgt;

I, 425, aber mit genauem Citat des im Archiv des Departements der
Rhônemündungen aufbewahrten Vertrages, dessen Abdruck freilich er-
wünscht gewesen wäre.

[1] Zurita IV, 166, l. 18, c. 16.
[2] Vgl. oben S. 658, Anm. 6.
[3] Forse la spedizione del Colombo a Tunisi appartiene al anno citato 1473.
Der Grund des errathenen Jahres, weil René ‚si ritirò nella sua Pro-
venza' ist freilich nicht haltbar. Codice dipl. Colombo-Americano p. XIII.
[4] Nur von ihm ist in der Proclamation die Rede: la majestati di lu
signuri Re. De Mas-Latrie, Traités, Text 175. Bemerken will ich doch,
dass in diesen Verhandlungen mit Tunis bei Ferdinands Nennung neben
dem Titel eines Königs von Sicilien der eines ‚Erbprinzen der König-
reiche von Aragon' fehlt, der ihm mindestens am 18. October 1469
in dem Vermählungsacte mit Isabella ‚der Erbprinzessin dieser König-
reiche von Castilien und Leon' immer gegeben wird: D. Fernando rey
de Secilia, principe heredero de los reynos de Aragon. (Diego Clemencin,
elogio de la reina católica Doña Isabel. Memorias de la real acade-
mia de historia. Madrid, 1821. t. VI, 585 f.)

denn am 16. dieses Monats liess der Vicekönig von Sicilien einen zwischen seinem Könige und dem ‚Könige‘ von Tunis geschlossenen, vom nächsten 1. Januar an auf zwei Jahre giltigen Frieden verkünden. Ob der Beherrscher von Tunis während der inneren Kriege Aragoniens seit 1461 bis Ende 1473 sich der Feindseligkeiten gegen aragonesische Unterthanen enthalten habe,[1] ist zweifelhaft.

Um die Erneuerung dieses Friedens oder besser Stillstandes aber suchte Ferdinand — nicht sein Vater, da der Beherrscher von Tunis damals, wie es scheint, nur René als König von Aragonien anerkannte[2] — am 8. Juni 1475 nach.[3] Diese Erneuerung muss rechtzeitig und zugleich die dem Emir Abu Omar Othman höchst plausibel gemachte Neuanerkennung auch des Vaters als König von Aragonien erfolgt sein, da beide Könige, Johann II. und Ferdinand, am 6. Februar 1476 einem Verwandten des Königs von Tunis für seine Mitwirkung bei dem Abschlusse ihren Dank aussprechen.[4] Fuhr die Fernandina mit ihren Begleitschiffen freilich unter Johanns II. Flagge, so konnte der Auftrag an Columbus auch bis zum Ablaufe des Jahres 1475 ertheilt werden.

Nach dem 1. Januar 1474 oder höchstens dem 1. Januar 1476 wäre Columbus' Kaperzug nach Tunis kaum räthlich ge-

[1] Dass es geschehen sei, hält Mas-Latrie, Traités, Introduction 321 für wahrscheinlich.

[2] Immerhin ist, wenn auch bezeichnend, bei der Bestallung eines Consuls in Tunis durch den Vicekönig von Sicilien am 23. December 1473, d. h. vor Inkrafttreten des Vertrages und ohne Namennennung die Rede davon, dass er pro parte serenissimorum dominorum nostrorum regum patris et filii handle. Mas-Latrie, a. a. O. Text 176.

[3] Aber Mas-Latrie irrt, wenn er in der Ueberschrift p. 177 meint, der Gesandte sei ‚des rois de Castille et de Sicile‘ geschickt: es ist Beides Ferdinands Titel seit October 1474. Auch ist ‚suo figlio‘ nach den Worten rè di Castella e di Sicilia nur als eine Höflichkeit gegen den Fürsten von Tunis zu verstehen. In den Instructionen S. 178 wird dem Gesandten freilich aufgetragen, hervorzuheben, wie es Gott gefallen habe: exaltari et sublimari la sacratissima casa di Aragona di gloriosissima gloria et triumpho et fari et ordinari rè di li regni di Castella la Maestati di lu serenissimo signor rè di Sicilia, figlio di la ditta Maestati — Johann II. ist keineswegs genannt — la quali senza alcuno dubio hogi si pò diri essiri lu majori rè et più alto di la Christianità — was zwar nicht richtig ist, aber seine Wirkung in Tunis nicht verfehlte, wie das nächste Actenstück zeigt.

[4] Mas-Latrie, a. a. O. Text 179.

wesen. Man wird aber in demselben die erste öffentliche Action
des Webers von Savona, Bürgers von Genua, zu sehen haben
und ihn als ein merkwürdiges Zeugniss seines Emporkommens
betrachten müssen; jedes Wort seines Briefes hat sich als sorg-
sam erwogen erwiesen.

3. Ankunft in Portugal und Entfernung von dort.

Man hat die Ansicht ausgesprochen,[1] die Tyrannei des
Herzogs Galeazzo Maria Sforza habe Columbus im Jahre 1476
aus Genua nach Portugal getrieben. D'Avezac selbst hat die
Frage der Zeit seiner Ankunft für eine der schwierigsten erklärt,[2]
und ich beabsichtige keineswegs, die Zahl der Vermuthungen
über diesen Gegenstand um eine neue zu vermehren. Ohnehin
hat sich neuerlich die Zeitgrenze, bis zu welcher Columbus'
Ankunft in Portugal erstreckt werden darf, erheblich verlängert.
Denn es ist von Herrn Harrisse in einer, wie mir scheint, un-
anfechtbaren Weise[3] dargethan worden, dass Columbus' ältester
Sohn Diego im Herbste des Jahres 1491 höchstens zehnjährig
gewesen ist und dass daher alle Schlussfolgerungen nichtig sind,
welche man aus Diego's Alter auf eine über das Jahr 1480
hinaufgehende Vermählung des Vaters und mit ihr auf eine
frühere Ankunft des Vaters in Portugal gezogen hat.

Hier ist zunächst die Vorfrage zu erwägen, wann die Ankunft von Columbus' jüngerm Bruder Bartholomäus in Lissabon
stattfand.

Unmittelbar an die Nachricht, dass beide Brüder nach
genuesischer Sitte mit ihrem Eintritte in das Jünglingsalter auf
Seefahrten ausgegangen seien, knüpft der über ihre Verhältnisse
so genau unterrichtete Antonio Gallo — und nach ihm wörtlich
der officielle Geschichtschreiber Senarega — die weitere Mittheilung: dass der jüngere Bruder Bartholomäus sich in Portugal,

---

[1] Spotorno, a. a. O. XIV, gebilligt von D'Avezac, Canevas chronologique
de la vie de Christ. Colomb im Bull. géogr. 1872, IV, 43.

[2] C'est une des questions les plus indécises entre tant d'autres, où les
assertions les plus divergentes semblent se jouer d'une recherche sérieuse.
A. a. O. 37.

[3] Christ. Colomb II, 229.

endlich in Lissabon niedergelassen und sich durch Karten-
zeichnen seinen Unterhalt erworben habe. Durch Verkehr mit
portugiesischen Seeleuten, sowie durch Studien habe er die Ueber-
zeugung von der Möglichkeit der entscheidenden Westfahrt nach
Ostasien gewonnen; diese Ansicht habe er seinem in der Seefahrt erfahreneren Bruder mitgetheilt, der von ihrer Richtigkeit
überzeugt wurde.[1] Bartholomäus aber war im Juni 1480 noch
in Genua, wo er eine vom 16. dieses Monates datirte Vollmacht
seines Vaters aus Savona erhielt.[2] Er kann Genua nicht vor
Ende Juni 1480 verlassen haben. Dass sein Bruder Christoph
erst nach ihm in Portugal angelangt sei, wird von dem Kanzler
Gallo zwar nicht ausdrücklich gesagt; man empfängt aber
den Eindruck, dass er dies eher als das Gegentheil annahm;
immerhin ist die Nachricht für die Zeit von Columbus' Ankunft
in Portugal nicht sicher zu verwenden.

In Don Ferdinands Lebensbeschreibung seines Vaters wird
erzählt, dass er als Befehlshaber eines Schiffes an der Seeschlacht
Theil genommen habe, welche an der portugiesischen Küste
südlich von Lissabon nachweislich erst am 21. Juni 1485 statt
hatte. Einer der fünf Geschichtsschreiber, welche sie erwähnen,
wird citirt. Es wird in Bezug auf Columbus versichert, dass er,
ein vorzüglicher Schwimmer, von seinem in Brand gerathenen
Schiffe, blos von einem Ruder unterstützt, den ‚etwas mehr als
zwei Leguas'[3] weiten Weg zur Küste schwimmend zurückgelegt,
dort erschöpft angelangt sei und längere Zeit zur Erholung ge-
braucht habe. Dann sei er nach dem nahen Lissabon geeilt,

---

[1] — in navigationes exiverant. Sed Bartholomaeus minor natu in Lusi-
tania, domum Ulissipone constiterat cet . . . argumenta et animi cogi-
tatum cum fratre rerum nauticarum peritiore communicat . . . Qua
persuasione Christophorus inductus cet. Antonii Galli commentariolus
(Muratori scriptores XXIII) 301. Darnach Barthol. Senarega (ibid.
XXIV) 535 und vollends Giustiniani im Psalterium (Murr 151), jedoch
ungenau mit Veränderung von domum in ac.

[2] Ueber das nur nach dem Regest bekannte Actenstück die Nachrichten
bei Harrisse, Christ. Colomb II, 436.

[3] — poco mas de dós leguas. Las Casas l. I, c. 4 (t. LXII, p. 52). — due
leghe o poco più übersetzt mit vorsichtigem Zweifel über die Schwimm-
leistung Ulloa: Historie c. 5, fol. 11 recto. In einigen Punkten ist
Ulloa ausnahmsweise vollständiger für diese Geschichte, in anderen Las
Casas. Ich denke, man kann Beide benützen, um ein getreues Bild
der wirklichen Historia zu erhalten.

um genuesische Landsleute zu finden, die ihn aufs Beste ‚seiner edlen Abkunft' wie seiner imposanten Erscheinung wegen aufnahmen, so dass er sich in Lissabon niederlassen konnte. Bei einem seiner regelmässigen frommen Kirchenbesuche habe er in der Allerheiligenkirche die Bekanntschaft einer edlen Stiftsdame, des Fräuleins Philippa Moniz gemacht, mit der er sich vermählte.

Es ist nun längst festgestellt, dass Columbus an jener Seeschlacht unmöglich Theil genommen haben kann, da er sich zur Zeit, als sie geschlagen wurde, in Spanien befand.[1] Auch von dem Datum und den Einzelheiten des Kampfes abgesehen macht die ganze Erzählung den Eindruck, dass sie von Columbus selbst stammt und bei der Familie wie den Freunden einen guten Eindruck machen sollte. Sie erinnert an Erzählungen, wie sie Napoleon, besonders auf St. Helena, über seine corsische Heimat und Vergangenheit vorzutragen nützlich fand und die nun von Herrn Theodor Jung in ihrer Nichtigkeit urkundlich dargethan sind.

Immerhin bin ich mit D'Avezac[2] geneigt, ihr eine wahre Begebenheit zu Grunde zu legen, wenn auch nicht gerade einen anderen Seekampf zwischen Genuesen und Venetianern und eben in dem Jahre 1476, das aus einem anderen Scheingrunde für Columbus' Auswanderung angenommen wurde.

Ich glaube hier zunächst an seinen ersten selbstständigen Kriegsdienst unter König René erinnern zu sollen, der sich von Piraterie nicht allzuweit unterschieden haben dürfte. Dann muss man all der wilden und grausamen Handlungen eingedenk sein, deren er sich als Admiral und als Regent Westindiens schuldig gemacht hat. Einen wegen Widerspenstigkeit zum Tode durch den Strang verurtheilten Spanier hat er auf Hayti, ungeduldig über dessen Weigerung, sofort zu beichten, ‚mit Thränen' in den Augen doch ohne Weiteres von den Zinnen der Festung in die Tiefe stürzen lassen.[3] Es brechen nur zu oft Charakterzüge bei ihm durch, die an die Gewöhnungen des Corsaren erinnern.

---

[1] Am vollständigsten ist die Polemik gegen Columbus' Theilnahme an diesem Seekampfe, wie an anderen von Harrisse, Bull. géogr. 1874, VIII, 503 f. geführt.

[2] Bull. géogr. 1872, IV, 43 f.; 1873, VI, 485 f.

[3] Diese von Las Casas entschuldigend (l. I, c. 170, t. LXIII, 433) berichtete That macht Harrisse, Christ. Colomb II, 113 mit Recht geltend, um das Verfahren Bobadilla's gegen den Entdecker zu erklären.

Und ganz offen bezeichnet seine Lebensbeschreibung einen angeblichen Verwandten Columbo den Jüngern, unter dem er bei jenem Seekampfe gedient habe, als einen[1] berühmten Herrn, den Grössten unter den Corsaren, die es in jenen Zeiten gab, der eine grosse Flotte auf dem Meere gegen Ungläubige und Venezianer und wohlbemerkt: gegen andere Feinde seines (genuesischen) Volkes befehligte.[2]

Gegen wen und in wessen scheinbaren oder wirklichen Diensten er auch stehen mochte, man wird Columbus' Erzählung, dass er von seinem brennenden Schiffe während eines Kampfes an der portugiesischen Küste an das Land geschwommen und dort mittellos angekommen sei, für wahr halten dürfen. Nicht zu beantworten ist aber noch, wie gesagt, die Frage, ob er seinen Bruder Bartholomäus schon in Portugal und gar in Lissabon vorfand, also erst im Sommer 1480 dort anlangte. Geflissentlich wird von Bartholomäus' überlegener Gelehrsamkeit und manueller Geschicklichkeit in der Lebensbeschreibung nicht gesprochen.

Wie trotz alledem Columbus' Ankunft in Portugal in einiges Dunkel gehüllt bleibt, so noch mehr seine Entfernung aus diesem Lande gegen Ende des Jahres 1484. Die Zeit scheint ziemlich gesichert. In einem für uns undatirten, nun verlorenen Briefe, den Las Casas in Händen hatte, schreibt er dem Königspaare aus Hayti: ,Euere Hoheiten wissen ferner, dass ich sieben Jahre an Ihrem Hofe ging und Sie hiemit belästigte',[3] er meint mit seinem Projecte, bis dies endlich gegen Ende des Jahres 1491 angenommen wurde. Etwas weniger zuverlässig, auch nur in indirecter Form durch Las Casas erhalten, ist die Nachricht des Tagebuches vom 9. August 1492,[1] dass, als Columbus im

---

[1] Bei Ulloa sehr kurz und zahm (fol. 10 recto): corsale famoso; die ‚Venecianos‘ zwischen ‚Infieles‘ und ‚otros enemigos‘ haben den Uebersetzer wohl in Venedig genirt.

[2] — un famoso varon, el mayor de los corsarios que en aquellos tiempos habia ... trajese grande armada por la mar contra Infieles y venecianos y otros enemigos de su nacion. Las Casas l. I, c. 4 (t. LXII, p. 51).

[3] Ya saben Vuestras Altezas, que anduve siete annos en su corte, importunandoles por esto. Der Brief gehört zu denen escritas de su misma mano ... que yo he tenido en mis manos. Las Casas l. I, c. 33 (t. LXII, p. 250).

[4] Navarrete I, 5.

Jahre 1484 noch in Lissabon weilte, ein Mann aus Madeira
mit dem Projecte einer Westfahrt zum Könige von Portugal gekommen sei. Das Project ist durch ein an Ferdinand Domingo
do Arco aus Madeira am 30. Juni 1484 ertheiltes Patent bekannt; ich möchte aber doch nicht mit Harrisse[1] schliessen, dass
Columbus an diesem Tage noch in Lissabon gewesen sein, dort
den Sommer verbracht haben müsse;· er selbst behauptet ja nur
seine Anwesenheit, als das Project im Jahre 1484 an den König
gebracht wurde, und Niemand kann sagen, wie lange Zeit von
da bis zur Ausstellung des Patentes verfloss.

Wohin er sich in Spanien zunächst wendete, auf welchem
Wege er dahin gelangte, ist nicht mehr festzustellen. Es ist
aber noch nicht genügend[2] der Seeweg in Erwägung gezogen
worden. Nun sagte bei dem von Columbus' Sohne Diego im
Jahre 1513 gegen die Krone angestrengten Processe der Arzt
Garcia Hernandez aus Palos als Augenzeuge:[3] Columbus sei
an dem Kloster La Rabida von Palos mit seinem hungrigen
Knaben nur vorübergekommen, um nach seiner eigenen Er-
klärung zu einem in dem nahen Huelva wohnenden Schwager,
dem Gatten einer Schwester seiner Frau, Namens Muliar, zu
gelangen; es wäre denn doch ganz möglich, dass eben nach
Huelva der grosse Entdecker auf seiner Flucht aus Lissabon
zu Schiffe gelangte.

──────────

[1] Christ. Colomb I, 342: Colomb était donc encore à Lisbonne pendant
l'été de 1484.

[2] Muñoz (I, 58) hat eine eigenthümliche Version über die Geneigtheit
König Johannes II., auf Columbus' Ideen, entgegen dem Rathe seiner
wissenschaftlichen Commission, einzugehen; er habe nur Columbus'
Forderungen übermässig gefunden (vgl. unten S. 684, Anm. 3), und dann
insgeheim auf den Rath des Bischofs von Centa selbst nach Columbus'
Ideen ein Schiff nach Westen gesendet, das ohne Erfolg heimkehrte
(p. 54): desacreditando la empresa con burla y mofa. Hierauf habe
Columbus, empört über solche Schelmerei (supercheria), alle weiteren
Verhandlungen abgelehnt und sei, um nicht mit Gewalt zurückgehalten
zu werden, Ende 1484 insgeheim abgereist (partió secretamente). Graves
(aber ungenannte) autores dicen que se hizo á la vela del puerto de
Lisboa y convienen todos los mas en que pasó immediatemente a España.
Nennt etwa schon ein spanischer oder portugiesischer Schriftsteller den
Hafen von Huelva als Columbus' ersten Landungsplatz in Spanien? Muñoz
selbst nimmt irrig an, dass er sich zunächst nach Genua gewendet habe.

[3] Navarrete III, 561.

4*

Auf seiner Flucht! Denn vor der portugiesischen Justiz
flüchtig, gelangte er nach Spanien. Man hat den im Archive
der Herzoge von Veragua erhaltenen [1] an Columbus gerichteten
Brief des Königs Johann II. von Portugal vom 20. März 1488
oft citirt, aber, so viel ich sehe, seiner grossen Bedeutung nach
niemals gewürdigt.[2] Vollends aus der formelhaften Ueberschrift:
‚An Christoph Colon, unsern besondern Freund (noso especial
amigo) in Sevilla‘ hätte man bei dem bedenklichen Inhalte des
Schreibens lieber keine Schlüsse ziehen sollen. Der König dankt
zunächst ‚vielmals‘ für einen ihm von Columbus geschriebenen
Brief und für den guten Willen und die Zuneigung, die er
nach demselben für des Königs Dienst an den Tag lege. ‚Und
was euer Hieherkommen betrifft, sicherlich um des willen, was
Ihr geltend macht, wie aus anderen Rücksichten, damit Euer
Fleiss und Eure gute Begabung uns nützlich sein werde, so
wünschen wir es und es freut uns in vieler Hinsicht,[3] so dass
in dem, was Euch betrifft, man eine Form finden wird, mit der
Ihr zufrieden sein sollt. Und weil Ihr zufällig einige Gefahr
von unseren Gerichtspersonen haben würdet auf Grund einiger
Angelegenheiten, mit denen ihr verflochten seid, so sichern wir
Euch durch diesen unseren Brief für Ankunft, Aufenthalt und
Rückkehr, dass ihr nicht festgenommen, zurückgehalten, ange-
klagt, vorgeladen, noch befragt werden sollet um gar keiner
Ursache willen, sei sie bürgerlicher oder crimineller Art von

---

[1] Abgedruckt bei Navarrete II, 5 sq. und neuerlich wieder nach dem Originale
in der Coleccion de documentos ineditos . . . de America e Oceania
(Madrid, 1873), t. XIX, p. 459 sq. Ich folge diesem letzteren Text.

[2] Harrisse I, 355: pour des raisons que nous ignorons, Colomb sollicite
de João II, la permission de se rendre en Portugal. L'autorisation lui
est accordé le 20 Mars 1488.

[3] — e prazernos ha muito de visodes, porque em o que a vos toca se dara
tal forma, de que vos davaaos ser contente. (Welch' gewundene Zusage!)
E porque por ventura teereos algum rezeo do nossas (so bei Navarrete,
nicht vossas) justizas por razaon dalgunas cousas a que sejaaes obligado,
Nos por essa nossa carta vos seguramos polla viuda, stada e tornada,
que nom sojaaes presso, retendo, acusado, citado, nem deman-
dado por nenhua (Navarrete: neuhuna) cousa, ora seja civil ora criminal
de qualquier cualidade. E por ella mesma (nur bei Navarrete — in der
Coleccion wegen des ähnlichen Anfanges des nächsten Satzes über-
sprungen —: mandamos á todas nostras justizas que ó compran asi. E
por) tanto vos rogamos e encomendamos que vossa viuda soja logua etc.

irgend welcher Beschaffenheit. Und mit demselben (Briefe) befehlen wir allen unseren Gerichtspersonen, dass sie dies so befolgen.' Endlich bittet er freundlich und beruhigend und dankend um Columbus' baldige Ankunft mit einer Dienst verheissenden Schlusswendung.[1]

Columbus kannte die ‚anima republicae‘ ganz gut, welche das geschrieben, mit so viel Blutvergiessen ihre unbedingte Gewalt in Portugal festgestellt hatte: den auch von seinen Nächsten gefürchteten König Johann II. Man kann auch nicht annehmen,[2] dass Columbus von der bedenklichen Einladung Gebrauch gemacht habe, weil sich in dem gewinnsüchtigen Briefe des Herzogs von Medina Celi vom 19. März 1493[3] der Passus findet, dass Columbus, der zwei Jahre in dessen Hause weilte, aus Portugal zu ihm gekommen und auf dem Wege nach Frankreich gewesen sei. Das Eine wie das Andere wird der uns nun hinlänglich bekannte Gast freilich gesagt haben.

Wegen welcher Vergehungen, die ihn mit portugiesischer Civil- und Criminalgerichtsbarkeit in Conflict brachten, er das Land verlassen hat, wissen wir nicht. Wie weit er etwa von Neuem das gefährliche Handwerk wieder aufnahm, in welchem wir ihn in König René's Diensten fanden, wird sich durch glückliche Forschung, namentlich in Bezug auf seinen angeblichen Aufenthalt auf der Madeiragruppe und den Azoren vielleicht noch feststellen lassen.

Sein Leben auf portugiesischem wie auf spanischem Boden bis zu dem entscheidenden Vertrage mit der spanischen Krone vom 17. April 1492 bietet auch sonst noch manche Schwierigkeiten, welche bei weiterm Eindringen in das erhaltene Material sich doch als lösbar erweisen dürften.

---

[1] E teeremos muito em servixo.

[2] Harrisse, Christ. Columb I, 353, ist dazu geneigt.

[3] . . . que se venia de Portogal y se queria ir al Rey de Francia. Navarrete II, 20.

Inhalt.